Wolf-Peter Szepansky

Souverän Seminare leiten

Perspektive Praxis

Eine Buchreihe des Deutschen Instituts für Erwachsenenbildung – Leibniz-Zentrum für Lebenslanges Lernen

Die grüne Reihe des DIE stellt Fachkräften in der Erwachsenenbildung bewährtes Handlungswissen, aktuelle Themen und in anderen Bereichen erprobte, didaktische Methoden vor. Die Bände sind aus der Perspektive des Handlungsfelds konzipiert, vermitteln verwendungsbezogenes Wissen und setzen Handlungsstandards, die sich am Stand der Forschung orientieren. Sie sollen somit zur Kompetenz- und Qualitätsentwicklung in Erwachsenenbildung beitragen.

Wissenschaftliche Betreuung der Reihe am DIE: Dr. Thomas Jung

Bisher in der Reihe Perspektive Praxis erschienene Titel (Auswahl):

Horst Siebert
Methoden für die Bildungsarbeit
4., akt. und überarbeitete Auflage,
Bielefeld 2010, ISBN 978-3-7639-1993-2

Stefanie Jütten, Ewelina Mania, Anne Strauch
Kompetenzerfassung in der Weiterbildung
Bielefeld 2009, ISBN 978-3-7639-1974-1

Angela Venth, Jürgen Budde
Genderkompetenz für lebenslanges Lernen
Bielefeld 2009, ISBN 978-3-7639-1978-9

Jörg Knoll
Lern- und Bildungsberatung
Bielefeld 2009, ISBN 978-3-7639-1956-7

Beate Braun, Janine Hengst,
Ingmar Petersohn
Existenzgründung in der Weiterbildung
Bielefeld 2008, ISBN 978-3-7639-1959-8

Klaus Pehl
Strategische Nutzung statistischer Weiterbildungsdaten
Bielefeld 2007, ISBN 978-3-7639-1925-3

Matilde Grünhage-Monetti (Hg.)
Interkulturelle Kompetenz in der Zuwanderungsgesellschaft
mit CD-ROM
Bielefeld 2006, ISBN 978-3-7639-1920-8

Stephan Dietrich, Monika Herr
Support für Neue Lehr- und Lernkulturen
mit DVD
Bielefeld 2005, ISBN 978-3-7639-1916-1

Heidemarie Kullmann, Eva Seidel
Lernen und Gedächtnis im Erwachsenenalter
2., akt. und überarbeitete Auflage,
Bielefeld 2005, ISBN 978-3-7639-1915-4

Weitere Informationen zur Reihe unter
www.die-bonn.de/pp

Bestellungen unter
www.wbv.de

Perspektive Praxis

Wolf-Peter Szepansky

Souverän Seminare leiten

2., aktualisierte und überarbeitete Auflage

wbv DIE

Herausgebende Institution
Deutsches Institut für Erwachsenenbildung – Leibniz-Zentrum für Lebenslanges Lernen

Das Deutsche Institut für Erwachsenenbildung (DIE) ist eine Einrichtung der Leibniz-Gemeinschaft und wird von Bund und Ländern gemeinsam gefördert. Das DIE vermittelt zwischen Wissenschaft und Praxis der Erwachsenenbildung und unterstützt sie durch Serviceleistungen.

Lektorat: Anne Gassen/Thomas Jung

Wie gefällt Ihnen diese Veröffentlichung? Wenn Sie möchten, können Sie dem DIE unter **www.die-bonn.de** ein **Feedback** zukommen lassen. Geben Sie einfach den **Webkey 43/0030a** ein. Von Ihrer Einschätzung profitieren künftige Interessent/inn/en.

Bibliografische Information der Deutschen Nationalbibliothek
Die Deutsche Nationalbibliothek verzeichnet diese Publikation in der Deutschen Nationalbibliografie; detaillierte bibliografische Daten sind im Internet über http://dnb.d-nb.de abrufbar.

Verlag:
W. Bertelsmann Verlag GmbH & Co. KG
Postfach 10 06 33
33506 Bielefeld
Telefon: (0521) 9 11 01-11
Telefax: (0521) 9 11 01-19
E-Mail: service@wbv.de
Internet: wbv.de

Bestell-Nr.: 43/0030a

2., aktualisierte und überarbeitete Auflage
Umschlagfoto: Horst Zwiefelhofer/panthermedia.net
Umschlaggestaltung und Satz: Christiane Zay, Bielefeld
Herstellung: W. Bertelsmann Verlag, Bielefeld
ISBN 978-3-7639-1798-3 (Print)
ISBN 978-3-7639-1799-0 (E-Book)

Inhalt

Vorbemerkungen

Konzeption und Aufbereitung dieses Bandes folgen nicht der Idee, bestimmte Lehr- und Leitungstechniken zu „verkaufen“, sondern diese Ausführungen sind darauf ausgerichtet, eine Vielzahl von theoretischen und praktischen Zugängen zu eröffnen. So wird der Gestus des allwissenden „Ratgebers“ von Anfang an vermieden: Der Autor lädt seine Leserinnen und Leser, also die in der Weiterbildungspraxis Tätigen, mit einem theoretisch fundierten Perspektivwechsel zu immer neuen Deutungs- und Handlungsmöglichkeiten für sehr konkret geschilderte Praxissituationen ein. Er stellt Modelle und Analyseinstrumente aus unterschiedlichen Schulen und Ansätzen bereit, um sie im Kontext unterschiedlicher Lehr-Lern-Arrangements anzuwenden. Dabei wird immer wieder verdeutlicht, dass die Souveränität der Lehrenden in starkem Maße davon abhängt, wie weit sie in der Lage sind, eine als kritisch erlebte Situation aus dem komplexen Gesamtkontext des Lehr-Lern-Geschehens heraus zu verstehen – einem Kontext, in den nicht nur die Teilnehmenden bestimmte biographische Prägungen einbringen, sondern auch sie selbst.

Der Autor zielt in allen Kapiteln auf einen Zugewinn an (Selbst-)Reflexionsmöglichkeiten, um professionelle Rollendistanz ohne Ausblendung eigener Emotionen zu fördern. Er zeigt die Bedeutung von Distanzierungstechniken auf, die eine wichtige Voraussetzung für gelingendes Engagement darstellen. Für die typischen Phasen eines Seminarverlaufs, für wiederkehrende Muster von „Störungen“ und mögliche Entscheidungsdilemmata entfaltet er alternative Handlungsvorschläge und erörtert unterschiedliche Interventionen, geleitet vom Ziel einer frühzeitigen Entschärfung absehbarer Konflikte. Die facettenreiche Betrachtung konkreter Situationen macht erkennbar, dass die Wirksamkeit der gewählten Intervention von zahlreichen Faktoren – der Gruppe, dem Thema, dem Lehrenden, den Zielen, der Seminarphase – beeinflusst wird und warum es letztlich die situative Stimmigkeit ihres Einsatzes ist, die über ihren Erfolg entscheidet.

Das für diese Auflage neu verfasste Kapitel zur Lernmotivation zeigt auf, wie Lernanreize erschlossen bzw. lernrelevante Motive bei den Teilnehmenden angesprochen werden können. Leistungsmotivation und Autonomie der Teilnehmenden zu sichern und gleichzeitig die Gruppendynamik zu reflektieren – das sind die zentralen Ansatzpunkte dafür, ein Lernen „aus freien Stücken" zu ermöglichen. Darüber hinaus werden methodische Ansätze aufgezeigt, wie bei den Teilnehmenden Neugier geweckt werden kann.

Der bewusste Verzicht auf methodische „Königswege" geht keineswegs mit pädagogischer Beliebigkeit einher. Die normative Grundhaltung des Autors ist klar erkennbar: Sie ist gekennzeichnet durch Respekt vor der Autonomie der Lernenden. Überzeugen, nicht Überreden ist sein Ziel. Alle Methoden dienen der Förderung des Lernprozesses und der Lernerautonomie und werden daher nie ausschließlich unter dem Aspekt der unmittelbaren Problemlösung ausgewählt, sondern immer auch unter der didaktischen Fragestellung, welche Denk- und Lernprozesse damit für die Teilnehmenden angeregt werden können. Auch störende Verhaltensweisen werden auf die darin enthaltenen positiven Potenziale hin untersucht, handelnde Personen nicht als Verursacher von Störungen abgewertet, sondern zugleich in ihrer Gruppenrolle verstanden, in der sie womöglich eine bestimmte Prozessdynamik zum Ausdruck bringen.

Der Autor begegnet seinen Lesern mit einer offenen Angebotshaltung: Er offeriert Beispiele aus seiner langjährigen Praxiserfahrung, erläutert theoretische Erklärungsmuster, die er selbst als hilfreich erlebt hat und verknüpft beides mit Prozessbeschreibungen, die gute Transfermöglichkeiten für die eigene Praxis bieten. Die Situationsschilderungen sind so gewählt, dass sie für jeden Lehrenden einen hohen Wiedererkennungswert haben und Neugier auf die angebotenen Lösungsmöglichkeiten wecken (deren Gegenüberstellung mit eigenen Lehrstrategien durchaus auch für erfahrene Kursleiter interessant sein kann). Theorieeinschübe vermitteln Grundzüge, die derjenige, der die Ansätze kennt, überblättern kann. Checklisten und Zusammenfassungen, Tipps und Anregungen machen den Einstieg in die Lektüre an jeder Stelle möglich, erleichtern die Orientierung im Text und seine Nutzung als praktisches Nachschlagewerk.

Das Deutsche Institut für Erwachsenenbildung – Leibniz-Zentrum für Lebenslanges Lernen stellt mit diesem Buch den beiden „Klassikern" für Kursleitende (Kursleitung an Volkshochschulen und Methoden für die Bildungsarbeit) einen Band an die Seite, der die Leitungsrolle fokussiert. Damit bietet die Reihe „Perspektive Praxis“ einen weiteren Baustein für die Unterstützung der Professionalisierung des Feldes an. Diese vollständig überarbeitete Auflage ist nicht nur um ein Kapitel und neue Methoden erweitert, sondern auch in Textstruktur und Gestaltung von Grund auf überarbeitet worden. Die Checklisten dieses Bandes, die in der konkreten Lehr-Lernsituation Anwendung finden können, stehen – so ist es zum Standard für diese Reihe geworden – auch als Download für die individuelle Anwendung durch die Nutzer im Internet zur Verfügung (→ www.die-bonn.de/1798/bonus).

Monika Kil
Deutsches Institut für Erwachsenenbildung
Leibniz-Zentrum für Lebenslanges Lernen

1. Einleitung

Seminare leiten und gestalten macht Spaß und ist eine anspruchsvolle Tätigkeit. Wer die Herausforderung meistert, wird mit einem Erfolgserlebnis belohnt. Doch jeder, der auch nur wenige Seminare geleitet hat, weiß: Sie können voller Tücken und Fallstricke sein. Die Teilnehmenden sind eigenwillig, im Verlauf des Seminars können unvorhersehbare Schwierigkeiten auftreten, die die Kursleitung möglicherweise ins Schwitzen oder gar an den Rand ihrer Selbstbeherrschung bringen.

Seminare zu leiten lernt man, wenn man Seminare leitet. Natürlich lernt man auch in Fortbildungen. Man kann sich mit den kleinen Hürden und großen Stolpersteinen vertraut machen, um Hindernisse erkennen und mögliche Lösungswege ins eigene Repertoire aufzunehmen. Hierzu soll dieses Buch eine Hilfe sein. Es wendet sich an Seminarleitende in der Erwachsenenbildung (beispielsweise an den Volkshochschulen), an Kommunikationstrainerinnen und -trainer sowie an Dozentinnen und Dozenten im Bereich der beruflichen Bildung – also an alle, die in ihrer Arbeit mit Lernenden sicherer werden möchten. Überall, wo in Gruppen gelernt wird, wirkt im Hintergrund die Gruppendynamik. Wer ihre Wirkungsmechanismen kennt, kann Gruppen steuern. Erfolgreich Seminare zu leiten ist daher auch die Kunst, Gruppenprozesse zu den eigenen Gunsten wirken zu lassen.

Wo gelernt wird, kommen unterschiedliche Vorstellungen und Interessen zusammen. Auseinandersetzungen um Einfluss, Lernwege und Methoden müssen zusammengeführt werden. Manchmal werden Kursleitende dabei zur Zielscheibe von Unmut. Damit beschäftigt sich dieses Buch.

Es werden konkrete Praxisfälle beschrieben, in denen es für die Leitenden zu schwierigen Situationen kommt. Verschiedene Lösungswege werden aufgezeichnet und ergänzend Modelle referiert, die das Verständnis für die Situation vertiefen oder konkret handlungsleitend sein können. So vermitteln die einzelnen Kapitel mit ihren praktischen Beispielen Handwerkszeug für schwierige Situationen des Seminaralltags. Betrachtet werden dabei auch die Gefühle und inneren Prozesse der Teilnehmenden, da sie für das Verständnis von Situationen entscheidend sind. Es sind solche Fälle ausgewählt worden, die, unabhängig vom zu vermittelnden Lernstoff, häufiger vorkommen und echte Herausforderungen darstellen. Sie bergen eine Fülle von Anregungen für Problemlösungen.

Jedes Kapitel steht für sich und kann unabhängig von den anderen gelesen werden. Am Schluss der Kapitel finden sich handlungsorientierte Zusammenfassungen, in denen die wichtigsten Aspekte noch einmal hervorgehoben werden.

Die Reihenfolge der Kapitel in diesem Buch orientiert sich an einem Modell der Phasen, die eine Gruppe durchläuft (in Anlehnung an Langmaack/Braune-Krickau 1989). Dieses Modell kann helfen, die Dynamik zu verstehen, die sich in Gruppensituationen entwickelt.

Abbildung 1: Phasen des Gruppenprozesses (eigene Darstellung)

Eine Lerngruppe durchläuft von ihrem ersten Zusammentreffen bis zu dem Zeitpunkt, an dem sie ihre volle Leistungsfähigkeit erreicht hat, verschiedene Phasen. Nach dem Beginn, der Phase des Ankommens, Auftauens und Sich-Orientierens, und der zweiten Phase der Gärung und Klärung, folgt die Phase der Arbeitslust und Produktivität, in der die Gruppe ihre bestmögliche Leistung erbringt. Darauf folgt die vierte Phase, Abschluss und Abschied.

Das *zweite Kapitel* bietet vier unterschiedliche Themenfelder. Hier wird die Situation zu Beginn eines Seminars, die erste Phase des Gruppenprozesses, aufgenommen und der Prozess der Gruppenbildung wird charakterisiert. Übertragungen und Projektionen, die besonders oft in der ersten Stunde eintreten, können den Leitenden wie den Teilnehmenden Probleme bereiten. Gelegentlich melden Gruppenmitglieder frühzeitig Machtansprüche an. Ihnen gilt es, in angemessener Weise entgegenzutreten. Manchmal platzen Teilnehmende mit unverarbeiteten seelischen Problemen heraus, schockieren die anderen und verursachen Peinlichkeit und Ratlosigkeit. Wenn man auf solche Situationen vorbereitet ist, kann man viel besser mit solchen Problemen umgehen. Schließlich wird dargestellt, wie Schweigen entsteht und wie man als Kursleitender damit umgehen kann.

Das *dritte Kapitel* zeigt auf, wie Motivationsquellen für das Lernen erschlossen werden können. Zunächst werden die intrinsischen Motivationen kurz beschrieben. Sie sorgen dafür, dass Lernen aus freien Stücken und eigenem Antrieb stattfindet. Es wird aufgezeigt, wie Leitende die Bedingungen schaffen können, unter denen Kooperation gedeiht. Darauf aufbauend zeigen verschiedene methodische Ansätze, wie die Kursleitung Neugier für ein Thema wecken kann und wie Teilnehmende sich in unterschiedlicher, stets motivierender Form aktiv und eigenständig Wissen erarbeiten können.

Im *vierten Kapitel* werden Angriffe auf eine Dozentin beschrieben und verschiedene Reaktionsmöglichkeiten vorgestellt, die ins eigene Repertoire übernommen werden können. Da sich das Verhalten von Leitenden auch daran orientieren sollte, in welcher Phase sich die Gruppe auf ihrem Weg zur vollen Leistungsfähigkeit befindet, wird in diesem Zusammenhang das Modell der Gruppenphasen wieder aufgenommen.

Das *fünfte Kapitel* wählt als Ausgangspunkt eine Gruppensituation, bei der zu Seminarbeginn eine größere Anzahl neuer Teilnehmender hinzukommt. Aufgrund unterschiedlicher Interessen droht die Gruppe zu zerfallen. Die Kursleitung steht vor der Aufgabe, das gemeinsame Arbeiten zu ermöglichen. Dabei helfen das Modell der Themenzentrierten Interaktion, systemische Regeln sowie die Orientierung an den Gruppenphasen, diesmal anhand eines weiteren vorzustellenden Modells.

Ein Dilemma wird im *sechsten Kapitel* dargestellt. Egal, welche Lösung die Kursleitung anstrebt – sie scheint immer einen Teil der Gruppe verprellen zu müssen. Das Drama-Dreieck zeigt auf, wovor sich Leitende hüten sollten. Schulz von Thuns Orientierungspunkte für das souveräne Leiten von Gruppen bieten Unterstützung für strategisch richtiges Vorgehen. Darauf aufbauend offeriert das Kapitel praktische Hilfestellung, z.B. für die Entschärfung von eskalierenden Situationen und die Wiederherstellung einer konstruktiven Zusammenarbeit. Dazu werden subjektive Konfliktlösungsmuster vorgestellt. So hilft unter anderem das Rangdynamikmodell, Machtkonstellationen in Gruppen besser zu durchschauen.

Das *siebte Kapitel* zeigt, wie ein Vielredner kaum zu bremsen ist. All die bisher vorgestellten Tipps und Tricks greifen nicht. Die Kursleitung muss schließlich das Gespräch unter vier Augen suchen. Ein Vier-Schritt-Modell für schwierige Gesprächssituationen steckt den Gesprächsrahmen ab. Außerdem enthält das Kapitel praktische Argumentationshilfen. Das Modell der vier Stufen der Erkenntnis zeigt, welche Argumente für welche Stufe des Begreifens am besten geeignet sind. Das konsequente Anknüpfen an die Stärken des Gesprächspartners mit der Technik des „Reframings“ leitet das Gespräch auf einen guten Weg.

Das *achte Kapitel* greift eine vielgefürchtete Situation auf: Die Teilnehmenden opponieren. Im beschriebenen Fallbeispiel weigern sie sich, an einem Rollenspiel teilzunehmen. Es werden verschiedene Aspekte vorgestellt, die dazu beitragen, die Hemmschwelle zu senken. Das Riemann-Kreuz dient als Hilfsmittel, typische Verhaltensmuster von Teilnehmenden besser zu verstehen. Am Schluss des Kapitels richtet sich der Blick auf die Gruppe als System: Von Teilnehmenden ergriffene Rollen teilen den Leitenden etwas über ihren Leitungsstil mit.

Im *neunten Kapitel* wird mit dem Abschluss eines Seminars die letzte Phase des Gruppenprozesses aufgegriffen. Es weist auf die veränderten Anforderungen hin, die sich an die Leitungsrolle richten, erklärt mögliche Verhaltensweisen von Teilnehmenden zum Abschied und gibt Anregungen für den Fall, dass einiges im Verlauf des Seminars weniger erfolgreich verlaufen ist.

In diesem Buch sind die Erfahrungen meiner mehr als dreißigjährigen Tätigkeit als Erwachsenenbildner und Kommunikationstrainer verarbeitet. Es präsentiert und diskutiert Problemstellungen, die Teilnehmende in Train-the-Trainer-Seminaren, in der Dozentenfortbildung der Volkshochschulen und bei anderen Trägern der Erwachsenenbildung eingebracht haben. In gemeinsamen Aushandlungsprozessen wurden Lösungen für all diese Fälle erarbeitet. Meine vielfältigen Erfahrungen ebenso wie verschiedene Ausbildungen (vor allem in den Bereichen Kommunikationspsychologie, Psychodrama und systemische Supervision) ermöglichen es mir, wirksame Problemlösungsideen mehrerer Schulen vorzustellen. So hoffe ich, auch für Personen mit Kursleitungserfahrung interessante Anregungen zu bieten. Da dieser Prozess des sich an Erfahrung orientierenden Lernens aber nie abgeschlossen sein wird, freue ich mich auch auf Ihre Rückmeldungen und Vorschläge, die in einer weiteren Ausgabe dieses Buches aufgenommen werden sollen.

2. Den Start meistern

2.1 Konventionen und Struktur

Treffen Menschen zum ersten Mal aufeinander, durchlaufen sie zunächst eine Phase des Ankommens, Auftauens und Sich-Orientierens. Häufig ist die Situation von Erwartungen, von Spannung, ja auch von Anspannung geprägt. Es lassen sich einige besondere Verhaltensweisen beobachten. So ist es am Anfang eines Seminars üblich, dass sich die Teilnehmenden gegenseitig in „Schubladen" einordnen. Das entspricht natürlich nicht der Realität der verschiedenen Persönlichkeiten und ist nicht selten von Vorurteilen geprägt. Dieses Kategorisieren der anderen Kursteilnehmenden hilft den einzelnen in einer Situation von Ungewissheit und Anspannung jedoch dabei, diese Komplexität zu reduzieren und die eigene Handlungsfähigkeit herzustellen.

BEISPIEL

Was verschiedene Teilnehmende spontan voneinander denken

- „kompetente Powerfrau … interessant!"
- „umgänglicher Mann … harmlos!"
- „streitbare Intellektuelle … Vorsicht!"
- „smarter Typ … Hhm?!"
- …

Zu Beginn der ersten Seminarstunde ist die Gruppenstimmung in der Regel von Zurückhaltung geprägt. Die Teilnehmenden warten erst einmal ab, was passiert. Kursleitende bekommen nun die Chance, mit dem ersten Auftritt Sympathien zu gewinnen und Kompetenz zu zeigen.

Die Situation der ersten Stunde lädt aber auch zur sogenannten Regression ein, d.h. zu einem Rückfall in Kindheitsmuster. Die Teilnehmenden können das Verhalten eines Schüler einnehmen: Sie sind bereit, Anweisungen und Aufträge entgegenzunehmen, um möglichst wenig Verantwortung zu tragen. Für die so gezeigte Anpassungsbereitschaft erwarten sie Akzeptanz und Unterstützung.

Der Beginn des Seminars ist zudem die Stunde der Gegensätze. Die Anwesenden fühlen sich hin- und hergerissen zwischen widerstreitenden Gefühlen und dem Wunsch, sich so optimal wie möglich zu verhalten. Sie fühlen sich zuweilen inkompetent und versuchen doch, souverän zu wirken. Sie benehmen sich vorsichtig und zurückhaltend, wollen jedoch den Eindruck vermitteln, alles unter Kontrolle zu haben. Sie sind manchmal kritisch und skeptisch eingestellt und zeigen sich stattdessen von ihrer freundlichen und unverbindlichen Seite. Sie haben den Wunsch, dazuzugehören und mitmachen zu dürfen, ohne sich zu verstellen, und passen sich doch an. Es wird auf jeden Fall versucht, Konflikte zu vermeiden.

Noch gibt es keine Spielregeln und noch ist unklar, für welche Verhaltensweisen und Aussagen man in dieser Gruppe Anerkennung erfährt. Und nicht zuletzt fragen sich die Teilnehmenden, ob sich ihre Investition in Zeit, Geld und Engagement lohnen wird.

Vor dem Hintergrund dieser unterschiedlichen Gefühle, Befürchtungen und Hoffnungen stehen Kursleitende vor der Aufgabe, die Energien der Teilnehmenden zu bündeln, um einen guten Start zu ermöglichen. In wenig strukturierten Situationen vermitteln gemeinsame Konventionen Verhaltenssicherheit. Eine von den Leitenden eingebrachte „Konventionsstruktur" (Stahl 2002, S. 71) ist daher der wichtigste Beitrag. Checkliste 1 zeigt Maßnahmen auf, mit denen ein Gefühl von Sicherheit gefördert werden kann.

CHECKLISTE 1

Konventionen und Struktur schaffen

Regeln aufstellen

- ☐ Entscheiden Sie, ob es eine Sitzordnung geben soll und legen Sie diese gegebenenfalls selbst fest.
- ☐ Bitten Sie die Teilnehmenden, Namensschilder aufzustellen. Diese können auch von Ihnen vorbereitet werden.
- ☐ Klären Sie die Frage der Anrede („Sie" oder „Du", Vorname oder Nachname, evtl. Weglassen von Titeln).

- ☐ Geben Sie einen Überblick über den geplanten Ablauf.
- ☐ Besprechen Sie die Pausenregelung.
- ☐ Informieren Sie die Teilnehmenden ggf. über weitere organisatorische Details.

Neugier wecken

- ☐ Erinnern Sie die Teilnehmenden an den erwarteten Nutzen des Seminars.
- ☐ Stellen Sie dabei das Thema verlockend und positiv dar.
- ☐ Erzeugen Sie dabei keinen Leistungsdruck. Verbreiten Sie die Gewissheit, dass die Ziele erreicht werden können.
- ☐ Denken Sie daran: Erreichbare Ziele motivieren – unerreichbare demotivieren.

Kontakt herstellen

- ☐ Organisieren Sie die Kontaktaufnahme der Mitglieder untereinander. Das bietet soziale Orientierung und Transparenz, baut Befürchtungen ab und fördert Sympathie.
- ☐ Geben Sie allen Gruppenmitgliedern das Gefühl, willkommen zu sein und integriert zu werden. So fördern Sie die Schaffung eines „Wir-Gefühls".

Zu den Konventionen gehört auch die persönliche Vorstellung des Kursleitenden. Ein gelungener Einstieg gibt Antworten auf die von Schulz von Thun in einem Seminar formulierte Frage: „Warum leite ausgerechnet ich, ausgerechnet euch und ausgerechnet zu diesem Thema?" Ist das Seminar mit dem Ziel verbunden, dass die Teilnehmenden ihre Anschauungen, Meinungen oder etwas zu ihrem persönlichen Hintergrund einbringen, so erfordert dies, dass auch vonseiten des Kursleitenden einführende Informationen sowohl zur beruflichen als auch zur persönlichen Situation einfließen. So wirbt er um Vertrauen und gibt ein Beispiel für Offenheit. Wer von den Teilnehmenden erwartet, etwas von sich preiszugeben, sollte mit gutem Beispiel vorangehen.

WISSENSWERT

Spiegelneuronen

Unbewusst werden die Handlungsmuster einer anderen Person, zu der eine Beziehung besteht, innerlich nachgeahmt. Es wird immer überprüft, wie es wäre, wenn man selbst so handeln würde, wie das Gegenüber (...) Der Lehrende hat dadurch eine prägende Vorbildfunktion. In jedem didaktischen Prozess erfordert das Klarheit darüber, wie seine eigene Haltung zum Lernstoff oder zu den Rahmenbedingungen ist (DGSL 2009).

Der Ablauf einer Vorstellungsrunde wird von der Person, die das Wort zuerst ergreift, entscheidend geprägt. Daher ist es günstig, zuvor eine Orientierung über Länge und Inhalt einer persönlichen Vorstellung zu geben. Je wichtiger Kontakt, Austausch und Beziehungen zwischen den Teilnehmenden sein sollen, desto wichtiger ist es, dass die Kursleitung selbst sich vorstellt. Geht es im Seminar um personennahe oder persönliche Themen, kann man die Äußerungen der Teilnehmenden dazu nutzen, den Kontakt untereinander zu intensivieren: Das heißt, mit der Methode des aktiven Zuhörens kann man in ein bis zwei Sätzen eine Rückmeldung zu dem geben, was man als das Wichtigste wahrgenommen hat, und dabei versuchen, den Teilnehmenden in verknappender Form „aus dem Herzen zu sprechen“.

Nach einer Vorstellungsrunde wissen die Teilnehmenden schon etwas mehr voneinander. Es erscheint jetzt nicht mehr so risikoreich, sich mit eigenen Ansprüchen einzubringen. Zwar gibt es aus den zuvor geschilderten Gründen meist kaum mehr Resonanz als ein paar Anfragen, doch ist die Bereitschaft, das eigene Seminarkonzept zur Diskussion zu stellen und für Fragen zu öffnen, ein erster wichtiger Schritt dahin, die Teilnehmenden langfristig mitverantwortlich für die Gestaltung des Seminars zu machen.

Das vielzitierte Konzept der *Teilnehmerorientierung* in der Erwachsenenbildung bedeutet, das Bedürfnis der Teilnehmenden nach Einfluss auf den Seminarinhalt zu berücksichtigen. Gerade die Verständigung über die Lehrziele der Leitenden und die Lernziele der Teilnehmenden, die nicht identisch sein müssen, ist dabei ein wichtiges Merkmal. Eine gute Kommunikation untereinander von Anfang an schafft gute Bedingungen für den weiteren Verlauf: Missverständnisse können rechtzeitig geklärt werden und Konflikten wird vorgebeugt. Das bedeutet allerdings nicht, dass das Konzept oder der Arbeitsplan zu Beginn detailliert und verbindlich vorgestellt werden muss. Eine Zustimmung der Teilnehmenden wäre in dieser Anfangsphase – vor allem, wenn die Lernziele im Ankündigungstext klar formuliert sind – nicht viel mehr als ein Lippenbekenntnis. Zu diesem Zeitpunkt sind Teilnehmende kaum bereit, einen Konflikt mit der Leitung zu riskieren, um die eigenen Vorstellungen in einem bestimmten Punkt durchzusetzen. So hat der Ablaufplan vor allem eine orientierende Funktion.

Wenn sich die Teilnehmenden zu Beginn nicht um exakte Leistungen bemühen oder vorgegebene Verhaltensmuster befolgen müssen, kann Gelöstheit entstehen. Bewegung, Überraschung und Spannung sind weitere Mittel, Interesse und Motivation zu schaffen. Nach einem lebendigen Seminareinstieg ist der „Bann gebrochen“: Die Gruppe ist aktiviert und neugierig auf weitere Erfahrungen. Eine besonders interessante und lebendige Methode der Kontaktherstellung wird im Folgenden beschrieben.

AKTION

Zum Auftakt – Beziehungen abbilden und Kontakt stiften

Dieser Einstieg ist für jedes Thema und jede Gruppe geeignet, auch wenn sich die Teilnehmenden bereits kennen. Die Zahl der Gruppenmitglieder sollte nicht unter acht liegen. Die Gruppe sitzt im Stuhlkreis. Nun steht die Leitung auf und fordert die Teilnehmenden auf, sich ebenfalls zu erheben. Sie stellt Fragen und/oder gibt Anweisungen, wie z.B.: „Wer mit öffentlichen Verkehrsmitteln gekommen ist, stellt sich hier hin. Wer mit dem Auto angereist ist, dort hin, und wer auf andere Weise gekommen ist, geht zu diesem Platz." Mit ihrer jeweiligen Reaktion beantworten die Teilnehmenden (stumm) die gestellten Fragen.

Weitere Fragen, wie z.B. die nach der Anzahl der Geschwister, nach (zu Themenblöcken zusammengefassten) Interessen oder zum biographischen Hintergrund usw., schaffen neue Grüppchen. Dies eröffnet die Möglichkeit, sich nach Aufforderung ca. drei bis vier Minuten über das Thema auszutauschen. Das informelle Zusammenstehen fördert dabei das zwanglose Gespräch.

Rangreihen

Eine weitere Methode ist die Bildung von Rangreihen. Hierbei müssen sich die Gruppenmitglieder untereinander absprechen. Die Gruppenleitung stellt Fragen, wie z.B.:

„Wie viele Seminare haben Sie bereits zu diesem Thema besucht?"

„Wie lange arbeiten Sie schon in Ihrem Betrieb?"

Die Teilnehmenden stellen sich in einer Reihe im Raum auf, die die entsprechende Antwort abbildet. Ergänzend können nach jeder Frage einige Personen zu ihren Wünschen oder Erfahrungen interviewt werden. Die hierdurch gewonnenen Informationen können als Anknüpfungspunkte für spätere Gespräche dienen. Rangreihen sind besonders bei Fragen zu Selbsteinschätzungen, z.B. der nach den mitgebrachten Kompetenzen zum Seminarthema, äußerst aufschlussreich. Sie sagen einiges über die zukünftige Rolle der einzelnen Gruppenmitglieder aus.

Landkarte

Eine andere Methode ist die Schaffung einer imaginären Landkarte. Der Seminarraum kann z.B. Deutschland darstellen, die Eingangstür wird als Norden deklariert. Dann werden die Teilnehmenden aufgefordert, sich an ihren Geburtsorten aufzustellen. Von dort aus können sie einige Sätze zu der Verbindung zwischen ihrem Geburtsort und ihrem aktuellen Wohnort o.Ä. sagen.

Alle Fragen, die Informationen liefern, Austausch ermöglichen oder Beziehungen und Strukturen abbilden, sind für diese Methode bestens geeignet. Weniger günstig ist es wohl, die Teilnehmenden zu bitten, sich nach Gewicht, Alter oder Höhe des Einkommens in einer Rangreihe aufzustellen. Es leuchtet ein, dass keine Themen abgefragt werden sollten, die die Intimsphäre der Einzelnen verletzen könnten.

2.2 Kleingruppen bilden

Die Tatsache, dass die Gruppenmitglieder Konflikte vermeiden wollen, muss auch bei der Bildung von Arbeitsgruppen berücksichtigt werden. Solange es noch keine stabilen Beziehungen untereinander gibt, wird die Wahl von Mitstreitern für eine zu bildende Kleingruppe zum Problem, denn Entscheidungen für die Zusammenarbeit mit einer Person scheinen zugleich die Abwahl anderer zu bedeuten. Aus diesem Grund übernimmt zunachst die Leitung diese Entscheidung und teilt die Teilnehmenden in Kleingruppen ein. Für eine kurze, spontane Zusammenarbeit können zu Anfang der Einfachheit halber die nebeneinander Sitzenden eine Gruppe bilden. Spater bieten sich diverse Losverfahren an. Wenn es um persönliche und vertrauliche Themen geht, sollten die Teilnehmenden selbst bestimmen können, mit wem sie in einer Gruppe zusammenarbeiten wollen. Dafür hat sich ein einfühlsames Heranführen an die Entscheidung bewahrt.

AKTION

Arbeitsgruppen bilden durch Blickkontakt

Alle Gruppenmitglieder stehen auf und nehmen Blickkontakt zueinander auf. So stellt sich allmählich heraus, wer mit wem zusammen in einer Kleingruppe sein möchte. Jetzt gehen diejenigen aufeinander zu, die einander gegenseitiges Interesse signalisiert haben.

Nicht immer merken sich die Gruppenmitglieder zu Beginn der Arbeit die Uhrzeit. Deshalb ist die Ankündigung „in zwanzig Minuten treffen wieder alle zusammen“ oft unklar. Den Zeitpunkt zu benennen, ist weitaus günstiger: „Um 10.30 Uhr geht es gemeinsam weiter.“ Manchmal tendieren einzelne Kleingruppen im Eifer des Lernens dazu, die Zeit zu überziehen. Ein sanfter Hinweis kann helfen: „Die letzten drei Minuten beginnen!“

Wenn es im Seminar stärker um persönliche Themen geht, darf die Zeit für Gruppenarbeit großzügig bemessen sein, weil nun auch das Interesse an den anderen Personen befriedigt werden will. Dieses Interesse gilt es zu unterstützen: Mit steigendem Kontakt wächst die Chance zum Aufbau positiver Beziehungen zwischen den Beteiligten. Zeitdruck dagegen produziert Stress, der den Teilnehmenden die Freude am Zusammenarbeitsprozess nehmen kann. So jedoch kommen die Teilnehmenden leicht in Kontakt, weil die Gesprächspartner über die Sachthemen besser zu persönlichen Themen gelangen können. Der Schritt, den Kontakt über Paararbeit und kleinere Gruppen zu intensivieren, führt für die Teilnehmenden schneller zum Gefühl größerer Sicherheit als der Weg nur über das Plenum. Sie können dabei meist bemerken, dass auch andere Gruppenmitglieder ähnliche Interessen und Befürchtungen wie sie selbst haben. Das Gruppenklima verliert so viel schneller seine anfängliche Anonymität und es beginnt die Phase der Zusammenarbeit. Der Start des Seminars verläuft positiv.

Die erste Gruppenphase erfordert auch von Kursleitenden Mut. Ganz am Anfang haben sie noch keinen Kontakt zur Gruppe. Das macht es schwer, ein Gefühl für die situative Stimmigkeit der eigenen Entscheidungen zu entwickeln. Trotz dieser Schwierigkeit müssen Leitende mit ihrem Handeln Maßstäbe setzen. Checkliste 2 führt die Punkte auf, die sie dabei beachten sollten.

CHECKLISTE 2

Souveränes Leiten in der ersten Gruppenphase

- ☐ Treffen Sie klare Entscheidungen.
- ☐ Beziehen Sie alle Teilnehmenden ein.
- ☐ Würdigen Sie die Stärken der Teilnehmenden.
- ☐ Bewerten Sie die Teilnehmenden nicht.
- ☐ Formulieren Sie die Lernziele deutlich.
- ☐ Erläutern Sie Arbeitsaufträge, bis diese allen klar sind.
- ☐ Werten Sie Arbeitsergebnisse von Kleingruppen aus und wertschätzen Sie diese.
- ☐ Seien Sie sich der Tatsache bewusst, dass unbekannte Methoden gerade zu Anfang irritieren können.
- ☐ Lassen Sie sich nicht auf Rivalitäten mit notorischen „Besserwissern" ein.

2.3 Übertragungen und Projektionen

Bei Unsicherheit setzen Menschen besonders gern ein „Pokerface" auf. So ist die Anfangssituation die Stunde der Fassade. Gleichzeitig sind Gefühle wie Neugier, Angst vor der Blamage oder Versagensängste in besonderem Maße aktiviert. Diese unterdrückten Gefühle und die Fremdheit sind ein Nährboden für *Übertragungen.*

Übertragungen beruhen auf Einstellungen zu Personen, mit denen früher ein emotionaler Konflikt oder Kontakt bestand. So erinnern z.B. Leitende oder Gruppenmitglieder einzelne Teilnehmende unbewusst an Personen aus früherer Zeit. Die Betroffenen übertragen die damals empfundenen Gefühle auf den aktuellen Kontext. Im Zusammenhang eines Seminarbeginns handelt es sich meist um Sympathie oder Antipathie. Die Teilnehmenden nehmen solche Gefühle nicht als Erinnerungen wahr, sondern als wirkliches Erleben im Kontakt zu einem anderen Menschen.

BEISPIEL

Eine Trainerin erinnert einen Teilnehmer an seine frühere Lehrerin, was unangenehme Gefühle in ihm hervorruft.

Ein Dozent sieht dem Kollegen aus der anderen Abteilung ähnlich, mit dem eine Teilnehmerin ständig Reibereien hatte. Die Parallele ist ihr in dieser Situation nicht bewusst, aber unwillkürlich wird sie gegenüber dem Kursleitenden skeptisch.

Weil Leitende im Mittelpunkt des Geschehens stehen, ziehen sie Übertragungen besonders intensiv auf sich. Da sie die Leitungsautorität in einer schulähnlichen Situation verkörpern, sind negative Übertragungen nicht unwahrscheinlich. Aber auch wenn der Seminarleitende kein traditionelles Lehrerbild verkörpert, kann er oder sie verunsichern und auf diese Weise Aggressionen wecken.

Emotionale Situationen mit Menschen, zu denen ein neuer Kontakt entsteht, fördern auch *Projektionen* – ein zu Beginn eines Seminars ebenfalls häufig auftretendes Phänomen. Auch hier laufen Leitende Gefahr, wegen ihrer exponierten Stellung zum Gegenstand von Projektionen zu werden. Projektionen entstehen, wenn Menschen Verhaltensweisen, die sie an sich selbst als unerträglich empfinden, abwehren und anderen Personen zuschreiben. Eigene Verhaltensweisen, die Teilnehmende ursprünglich vielleicht wütend machten, werden bei der Projektion bei sich selbst verharmlost, ignoriert und schließlich nicht mehr bemerkt. In bestimmten Konstellationen, wie einem Seminarbeginn, werden diese abgelehnten Verhaltensweisen und die dazugehörigen Gefühle dann an anderen Personen umso deutlicher bemerkt. Wer nicht wahrhaben will, dass er umständlich ist, könnte plötzlich im Rahmen einer gründlichen Erklärung der Kursleitung wahrnehmen, wie langweilig diese ist, und darüber enttäuscht sein oder sich ärgern. Jedoch sind nicht nur die Leitenden Projektionen ausgesetzt. Auch diejenigen Teilnehmenden, die sich in geringem Maße einbringen, eher angepasst und wenig authentisch und somit leicht verwechselbar wirken, bieten Projektionsfläche für die Gruppe.

Wenn in einem Seminar viel Spannung entstanden ist und Leitende den Eindruck bekommen, Teilnehmende projizieren verdrängte Ängste auf sie und andere Teilnehmende, können sie das Thema „Projektionen“ ansprechen und erläutern. Sie können die Gruppe dazu einladen, die Situation bewusst wahrzunehmen, die Palette vorhandener Gefühle zu registrieren und dann die neugierigen und meist freundlichen Gesichter der anderen genauer zu betrachten.

Nicht nur die Teilnehmenden bilden Projektionen und Übertragungen aus. Wenn Leitende dies tun, kommen sie häufig zu einer unangemessen kritischen Einschätzung einzelner Gruppenmitglieder. Phantasien über Ablehnung, über eine bevorstehende verbale Attacke und ein mulmiges Gefühl gegenüber bestimmten Personen weisen auf mögliche Projektionen hin. Dann werden die eigenen verdrängten Ängste als Aggressionspotenzial des Gegenübers empfunden. Um sich bei solchen Gefühlen der Wahrscheinlichkeit einer Projektion bewusst zu werden, hilft es, den Kontakt mit dem vermeintlich finster blickenden Menschen zu suchen. Ein kleines zwangloses Pausengespräch über dieses und jenes, gedacht als Realitätsüberprüfung, kann schnell Entspannung schaffen.

2.4 Autorität stärken

Zu Beginn eines Seminars werden höchst selten Konflikte ausgetragen. Aggressive Impulse Einzelner sind zu diesem Zeitpunkt vor allem auf das Bedürfnis zurückzuführen, die unbekannte Situation schnell zu strukturieren und sie zu kontrollieren. Dennoch fallen manchmal bissige Bemerkungen oder skeptische Kommentare, und Verbesserungsvorschläge werden vorschnell vorgebracht. Leitende sollten auf Einwände wie den folgenden vorbereitet sein.

BEISPIEL

Teilnehmender: „So eine Vorstellungsrunde bringt doch nichts. Die Namen kann doch sowieso keiner behalten. Lassen Sie uns doch lieber gleich richtig anfangen. Dann können wir auch Zeit sparen."

In dieser ersten Phase des Gruppenprozesses gilt die Maxime, Konfrontationen zunächst zu verschieben oder rhetorisch aufzulösen. Damit potenzielle Störenfriede konstruktiv in den sich entwickelnden Gruppenprozess eingebunden werden können, werden ihre Beiträge gewürdigt – nicht jedoch zugleich berücksichtigt. Im Folgenden stelle ich eine Formulierung vor, die in einer solchen Situation von Nutzen sein kann:

BEISPIEL

Kursleitung: „Schön, dass Sie so engagiert dabei sind und sich über effizientes Vorgehen Gedanken machen. Sie haben Recht: Es ist wichtig, die Zeit im Blick zu behalten. Und wir werden auch mit vollem Elan starten. Ich möchte jedoch zunächst eine Vorstellungsrunde machen. Wir brauchen etwas Kontakt miteinander und ein paar Information. Dann wissen Sie, mit wem Sie es hier zu tun haben."

Will man auf Störenfriede reagieren, so sollte man seine Replik nicht mit „Nein" beginnen. Die Worte „aber" (Widerspruch) und „weil" (Rechtfertigung) können durch „und damit" ersetzt oder weggelassen werden. Auch eine Frage mit „Warum" übt einen größeren Rechtfertigungsdruck aus als die folgende Formulierung: „Ich habe noch nicht verstanden, aus welchen Gründen ..."

Checkliste 3 kann dabei helfen, Störer erfolgreich in die Gruppe zu integrieren.

CHECKLISTE 3

Störer integrieren

- ☐ Bestätigen Sie dem Gruppenmitglied, dass seine Bemerkung gehört worden ist.
- ☐ Würdigen Sie den guten Kern oder den Nutzen des Vorschlags.
- ☐ Signalisieren Sie der Gruppe: Ich kenne eure Interessen und das richtige Vorgehen. Ihr seid mit euren Ansichten willkommen.
- ☐ Treten Sie souverän auf. Lassen Sie sich weder in einen Konflikt hineinziehen, noch geben Sie als Experte bei erstbester Gelegenheit die eigenen Ideen auf.

Auch die Festlegung der Pausen verlockt Teilnehmende zu Widerspruch. Es kennzeichnet den professionellen Umgang mit diesen Situationen, wenn es gelingt, hier angemessen und ohne Autoritätsverlust zu reagieren, weder den Vorschlägen zu folgen, noch in einen Konflikt zu stolpern. Mit dem ersten Eindruck, den Leitende geben, setzen sie auch symbolisch ein Zeichen für ihre Vorstellung von der weiteren Zusammenarbeit.

BEISPIEL

Die Veranstaltung beginnt, doch noch nicht alle Teilnehmenden sind anwesend. Die Kursleitung steht vor der Entscheidung, ob sie pünktlich anfängt oder noch wartet. Einige Teilnehmende geben dem Kursleitenden Ratschläge. Es liegt an ihm, Letzteren zu folgen oder sich dagegen zu entscheiden.

Wie auch immer die Leitenden reagieren – sie sind stets ein Beispiel dafür, wie mit Kritik umgegangen wird. Besonnenes und souveränes Auftreten vermittelt nicht nur die notwendige Autorität, sondern die Teilnehmenden werden auch froh sein, wenn die Austragung von Konflikten hintangestellt wird.

2.5 Peinliche Situationen

Der Beginn eines Seminars ist in der Regel von Förmlichkeit und Zurückhaltung geprägt. Trotzdem gibt es gelegentlich Teilnehmende, die die neue Gruppe spontan mit emotionaler Expressivität, großer Betroffenheit oder demonstrativer Intoleranz vor eine als peinlich empfundene Situation stellen. Zwar sind diese Fälle selten, sie stellen die Kursleitung jedoch auf eine harte Probe, weil sich bei den Anwesenden sehr schnell ein Gefühl der Rat- und Hilflosigkeit einstellen kann. Auch wenn alle anderen es vielleicht als unpassend empfinden mögen, müssen sich einzelne gleich zu Beginn etwas „von der Seele reden“. Kürzlich erfahrene Belastungen, die noch nicht verarbeitet sind, werden unvermittelt angesprochen. Selten werden auch durch Erzählungen anderer Gruppenmitglieder schmerzlich verdrängte Erfahrungen und mit ihnen einhergehende Gefühle plötzlich wieder aktualisiert. In solchen Fällen handelt es sich meist um Ereignisse mit besonderer Brisanz.

BEISPIEL

Jemand platzt mitten in der Vorstellungsrunde mit belegter Stimme heraus: „Meine Tochter nimmt Drogen. Da weiß man doch, wo das endet. Ich finde das so schrecklich!"

Im Gespräch wird das Thema Krebs erwähnt. Darauf reagiert ein Teilnehmender mit: „Krebs? Meine Frau ist vor vier Wochen an Krebs verstorben."

Die emotionale Reaktion mag hier zwischen Mitgefühl, Entsetzen und Hilflosigkeit schwanken. Für Leitende stellt sich die Frage nach der angemessenen Reaktion. Das Gesagte zu überhören und zur Tagesordnung überzugehen, kann zwar empfundene Peinlichkeit überspielen, aber auch als Abwertung empfunden werden, da sich jemand voller Vertrauen mit sehr Persönlichem an die Gruppe gewandt hat. Wenn es dem Kursleitenden jetzt nicht gelingt, diese Person zu integrieren, wird er oder sie es zukünftig schwerer haben, Kontakt zu den Teilnehmenden aufzubauen.

Es ist also wichtig zu zeigen, dass man die Bemerkung registriert hat. Man überprüft damit auch, wie es der Person im Augenblick damit geht, nachdem sie ihr Thema öffentlich gemacht hat. Fragen Sie einfach: „Es ist für Sie sehr schmerzlich gewesen, und es beschäftigt Sie im Moment immer noch?" Oder Sie nehmen ein Stichwort auf, indem Sie sagen: „Einen lieben Menschen zu verlieren, das ist eine einschneidende Erfahrung."

Ein anderer Weg, der Situation gerecht zu werden, ist es also, Mitgefühl auszudrücken, statt ignorant zur Tagesordnung überzugehen. Aber Achtung: Als wenig hilfreich erweisen sich in diesem Zusammenhang verallgemeinernde Lebensweisheiten. Sie bagatellisieren die emotionale Betroffenheit. Und die betroffene Person könnte sich nicht ernst genommen fühlen.

Wenn einzelne Gruppenmitglieder ihre Betroffenheit über ein bestimmtes Erlebnis gruppenöffentlich machen, können Probleme entstehen. Dies gilt besonders dann, wenn es tiefgreifende, unausgetragene Konflikte gibt oder wenn die Situation (z.B. in einem versteckt hierarchisierten) Kontext unübersichtlich ist. Offenheit macht verletzlich. Sie kann auch skeptische, kritische oder kränkende Reaktionen provozieren.

Je nachdem, wie man die Betroffenheit des Gruppenmitglieds einschätzt, kann es sinnvoll sein nachzufragen, ob man sich jetzt wieder auf das Sachthema einlassen wolle. Sollte sich die Person aber stark beeinträchtigt fühlen, ist es hilfreich, zu fragen, was sie jetzt brauche: „Gibt es im Moment etwas, was wir für Sie tun können?“ Diese Frage ist auch ein Appell an die Selbstverantwortlichkeit. Meist kommen Menschen aus eigener Kraft wieder zur Fassung. Sie brauchen lediglich Zeit und positive Aufmerksamkeit.

Der Anfang des Seminars ist, bei allem Verständnis für manche persönliche Erfahrung, nicht der passende Zeitpunkt, ein individuelles Thema auszuweiten. Daher ist eine Bemerkung, die wieder zur Ausgangssituation zurückführt, notwendig: „Ich würde jetzt gern die Vorstellungsrunde fortsetzen.“

Beim Umgang mit emotionalen Situationen zeigt sich ebenso wie zu Beginn eines Kurses, dass klare Strukturen Handlungssicherheit vermitteln. Klare Vorgaben erleichtern die Arbeit aller und sind Führungsaufgabe. Des Weiteren ist die Gestaltung der gruppeninternen Kommunikation und der Beziehungen zwischen allen Teilnehmenden eine wertvolle Investition in eine konstruktive zukünftige Zusammenarbeit der Gruppe. Es lohnt sich, die Weisheit von Ruth Cohn, der Begründerin der Themenzentrierten Interaktion (➔Kap. 5.2.1), zu berücksichtigen: Sich am Beginn mehr Zeit zu nehmen, bedeutet, später schneller vorankommen zu können. Vom „Ich“ zum „Wir“ zu finden und zu einer stabilen Gruppe zu werden, das erfordert Zeit. Ein guter Start erzeugt einen Vertrauensvorschuss, der die weitere Arbeit erleichtert.

Checkliste 4 enthält eine Handreichung für den souveränen Umgang mit den zuvor geschilderten Situationen.

CHECKLISTE 4

Mit Offenbarungen umgehen

- ☐ Gehen Sie auf gemachte Äußerungen ein. Peinlichkeiten durch Überhören zu überspielen kann als Missachtung empfunden werden.
- ☐ Zeigen Sie Mitgefühl. Allgemeine Lebensweisheiten helfen wenig.
- ☐ Klären Sie, ob eine Beeinträchtigung für das Lernen besteht.
- ☐ Schaffen Sie Distanz zum Erlebten. Eine Pause und körperliche Bewegung schaffen wieder Abstand und Stabilität.
- ☐ Kommen Sie zur Ausgangssituation zurück.

2.6 Schweigen

In Seminaren können als unangenehm empfundene Schweigemomente entstehen. Eine solche Lage kann auf Leitende verunsichernd wirken. Es mag unterschiedliche Ursachen dafür geben, wenn niemand in der Gruppe das Wort ergreift. Wenn Leitenden die Geduld fehlt oder wenn ihnen das Schweigen in der Gruppe zu lang wird, dann sei ihnen empfohlen, still bis „20“ zu zählen. Diese Zeit gibt allen Teilnehmenden ausreichend Gelegenheit, über Vorschläge, Fragen oder Aufgaben nachzudenken.

Schweigen kann ganz unterschiedliche Gründe haben (Schulz von Thun nach Bönsch/Poplutz 2003):

- Die Frage oder Aufgabe wurde nicht verstanden.
- Bei den Teilnehmenden herrscht innere Unklarheit.
- Sie haben einen unerfüllbar hohen eigenen Anspruch an sich selbst.
- Sie haben innere Blockaden.
- Sie fürchten, unpassende Beiträge zu liefern.
- Sie möchten die eigenen Gefühle und Gedanken nicht veröffentlichen.
- Bei dem Schweigen handelt es sich um ein meditatives Schweigen.
- Das Schweigen drückt passiven Widerstand aus (→ Kap. 8).

Ein Verständnisproblem ist an den Gesichtern der Teilnehmenden zu erkennen. Besonders für Leitende, die schlecht erklären können, empfiehlt es sich bei Aufgabenstellungen, die über einfache Anweisungen hinausgehen, eine vorbereitete Arbeitsanleitung ans Flipchart oder an die Tafel zu bringen. Sind Teilnehmende blockiert, kann dies ein Hinweis dafür sein, dass das Gruppenklima zu leistungsorientiert ist. Wenn das Schweigen in der Gruppe eher nachdenklich ist, lohnt es sich, abzuwarten. Ein Kontext von Geduld und Ruhe fördert das Aussprechen von Gedanken oder Gefühlen. Das Seminar kann so mehr Tiefgang entwickeln.

FAZIT

Durch das Vorgeben klarer Regeln zu Beginn eines Seminars stiften Kursleitende Verhaltenssicherheit und erleichtern den Teilnehmenden den Start.

- Wenn Leitende den Kontakt zwischen den Gruppenmitgliedern ermöglichen und fördern, tragen sie dazu bei, dass Teilnehmende Hemmungen abbauen können. Gruppenarbeiten führen schnell zu einem Gefühl der Sicherheit.
- In der Anfangsphase gehört es zur Leitungsaufgabe, klare Entscheidungen zu treffen, Neugier zu wecken und Orientierung zu bieten.
- Leitende sollten sich der Tatsache bewusst sein, dass Projektionen und Übertragungen besonders zu Beginn die Wahrnehmung aller Beteiligten verzerren können.
- In der Anfangsphase eines Seminars ist es nützlich, Konfrontationen zu verschieben und Übereinstimmungen hervorzuheben.
- Offenbarungen sollten vom Leitenden aufgegriffen, die Gruppe aber dennoch zur Ausgangssituation zurückgeführt werden.
- Es ist für den Leitenden wichtig, die verschiedenen Gründe für ein Schweigen der Seminargruppe zu erkennen, um adäquat reagieren zu können.

3. Motivation erzeugen

3.1 Bedingungen für motiviertes Lernen

3.1.1 Gruppendynamik

Es kann Spaß machen, Teil einer Gruppe zu sein. Wenn man Unterstützung und Erfolge erlebt, Fortschritte bei Einzelnen und in der Gruppe sieht und das Gefühl hat, auf Interesse zu stoßen und anerkannt zu sein – dann ist es eine wichtige Kraftquelle, zu wissen dazuzugehören. Doch nicht immer und von jedem wird eine solche Erlebnis- und Beziehungsqualität erreicht. Das Streben nach Anerkennung, Zuwendung und Zugehörigkeit ist jedoch ein um seiner selbst Willen angestrebtes, intrinsisches Motiv. Menschen möchten ihre soziale Eingebundenheit wahrnehmen können. Die Erfahrung, von anderen Menschen Wertschätzung und Anerkennung zu erhalten, ist ein eigenständiger Motivationsfaktor.

BEISPIEL

Es ist Sonntagnachmittag. Der Rhetorikkurs geht zu Ende. Dozentin Mareike Machwas hat eine Abschlussrunde angeregt. Die Teilnehmenden ergreifen zum letzten Mal das Wort. Einige von ihnen sprechen „die tolle Gruppenatmosphäre" an, die sich im Laufe des Kurses herausgebildet hat. Das Lob geht an die Gruppenmitglieder, die sich gegenseitig kritische und aufbauende Rückmeldungen gegeben haben. Mareike Machwas lächelt still in sich hinein. Sie weiß: Die Gruppendynamik hat dieses produktive Verhalten zu einem großen Teil angeregt. „Und ich habe die Regeln der Gruppendynamik systematisch dafür genutzt", denkt sie stolz. So ist eine angenehme Atmosphäre entstanden und die Gruppenmitglieder konnten nach und nach immer mehr Verantwortung für sich und den Lernprozess übernehmen.

3.1.2 Kooperation

Um das Motivationspotenzial, das sich für den Einzelnen aus der Gruppendynamik entwickeln kann, voll auszuschöpfen, ist es wichtig, dass die Teilnehmenden nicht nur gern, sondern auch effizient zusammenarbeiten. Denn sie sind es, die den Ertrag ihres Engagements an ihrem Zuwachs von Wissen und Können messen.

Kooperativ zu lernen, erfordert neben der Konzentration auf die Aufgabe auch soziale Kompetenz. Um die Fähigkeit zur Zusammenarbeit entfalten zu können, sind Maßnahmen wichtig, die dazu beitragen, dass die angestrebte Zusammenarbeit reibungslos funktioniert. So wie es wichtig ist, zu Beginn eines Seminars klare Regeln und gute Kommunikation zu etablieren (➔ Kap. 2.1), so verhilft die behutsame Förderung partnerschaftlicher Zusammenarbeit auf mittlere Sicht zu leistungsfähigen Teamstrukturen.

Die Qualität von Zusammenarbeit wird gefördert, wenn alle Teilnehmenden sich einbringen können. Grundsätzlich erhöht sich die Effizienz dann, wenn es vor Beginn der Gruppenarbeit Zeit für eine kurze Nachdenkphase gibt oder wenn systematisch Ideen für die gemeinsame Aufgabe gesammelt werden.

Zunächst kommen Sitznachbarn in kleineren Übungen miteinander in einen ersten Arbeitskontakt, dann bearbeiten Kleingruppen Aufgaben und präsentieren ihre Ergebnisse. Am meisten Selbstverantwortung übernehmen Gruppenmitglieder, wenn die Aufgabenstellung es erfordert, dass alle einen spezifischen Beitrag leisten müssen. Dies erzwingt arbeitsteiliges Vorgehen. Die Gruppenmitglieder müssen sich über ihr Vorgehen und mögliche Lösungen austauschen. Das kann eine Dynamik in Gang setzen, die noch verstärkt wird, wenn die Bedeutung des Ergebnisses und seine Verwendung allen klar sind. Jeder Einzelne fühlt sich für das Vorankommen der Gruppe verantwortlich. Die Gruppenmitglieder möchten selbst produktiv sein und die Produktivität der Gruppe erhöhen. So geben sie sich Anregungen und Unterstützung und helfen sich mit Material o.Ä. aus. Die Motivation, die aus dem Erleben in der Gruppe gespeist wird, erreicht einen Höhepunkt. Untersuchungen verweisen in diesem Zusammenhang auf zwei besonders wichtige Faktoren, die Motivation fördern und stützen: eine klare Arbeitsstruktur und die Einsicht in den Sinn einer Kooperation (Hollenbach 2008).

Am deutlichsten zeigt sich die Notwendigkeit arbeitsteiligen Vorgehens zur Lösung einer Aufgabe, wenn alle Mitglieder lediglich Teilinformationen besitzen, die zusammengefügt werden müssen, wie beispielsweise bei der Methode *Archäologenkongress* (➔ Kap. 3.3.4). Eine andere Form der Kooperation ist die Lösung von Aufgaben mit Brainstorming-Charakter:

Hier ist der Ideenreichtum der ganzen Gruppe gefragt. Eine dritte Form, die Kleingruppen aktiviert und motiviert, ist die von Wettbewerbsaufgaben, bei denen Gruppe gegen Gruppe antritt.

Checkliste 5 enthält wichtige Grundregeln für die Gruppenarbeit.

CHECKLISTE 5

Vier Regeln für die Gruppenarbeit

1. Gruppenarbeit muss gelernt werden

- ☐ Leiten Sie die Kooperation mit einfacher Zusammenarbeit ein.
- ☐ Stellen Sie später Aufgaben mit komplexer Arbeitsteilung.

2. Gruppenarbeit und Lernen generell erfordern Regeln

- ☐ Setzen Sie Regeln als Konfliktprophylaxe ein.
- ☐ Je weniger die Teilnehmenden motiviert sind, desto wichtiger sind Regeln.

3. Gruppenarbeit muss ausgewertet werden

- ☐ Würdigen Sie Gruppenleistung statt Einzelleistung.
- ☐ Der Zwang zur Kooperation steigt, wenn das Ergebnis gemeinsam verantwortet werden muss. Nutzen Sie diesen Mechanismus aus.
- ☐ Regen Sie eine Reflexion des Kooperationsprozesses an.

4. Gruppenarbeit erfordert eine Funktionsverteilung

- ☐ Veranlassen Sie eine Rollenvergabe für die Berichterstattung.
- ☐ Führen Sie eine Zeitkontrolle ein – das fördert die Effizienz.
- ☐ Ernennen Sie ggf. „Themenwächter", die darauf achten sollen, dass die Gruppe nicht vom eigentlichen Thema abdriftet.

3.1.3 Rahmenbedingungen

Auch die äußeren Bedingungen, unter denen Lernen stattfindet, spielen eine erhebliche Rolle. Soll die Gruppe effizient zusammenarbeiten, müssen Bedingungen geschaffen werden, in denen Geben und Nehmen ein Bestandteil des Erfolgs werden. Die Theorie der *sozialen Interdependenz* bietet dafür einen Schlüssel zum Verständnis. Laut dieser Theorie besteht das Wesentliche einer Gruppe in einem Abhängigkeitsverhältnis, das durch die Ziele der Gruppenmitglieder entsteht (Lewin 1935).

Die Mitglieder müssen in eine „positive gegenseitige Abhängigkeit" voneinander gebracht werden. Das ist eine Situation, in der sie erkennen, dass sie ihre Ziele nur dann erreichen können, wenn die anderen sie ebenfalls erreichen. Diese Form der Abhängigkeit bewirkt beispielsweise, dass Gruppenmitglieder es selten riskieren, andere unfair oder unsachlich zu kritisieren, wenn sie der Gruppe in absehbarer Zeit ihre eigenen Arbeitsergebnisse vorstellen werden. Positive Abhängigkeit käme ebenfalls zum Tragen, wenn ausschließlich Gruppenergebnisse und keine Einzelleistungen bewertet würden. Es entstünde ein gemeinsames Interesse, sich gegenseitig zu unterstützen. Wechselseitiges Aufeinander-angewiesen-Sein schafft ein fehlerfreundliches Lernklima. Solange jedoch der Status der Gruppenmitglieder ungeklärt ist, können natürlich trotzdem immer wieder Diskussionen über die Organisation der Arbeit entstehen, die von Eitelkeit oder Rivalität gespeist sind.

Eine dem Abhängigkeitsverhältnis entgegengesetzte Situation wäre die der „negativen Abhängigkeit". Dies wäre beispielsweise eine zugespitzte Konkurrenzsituation, wenn nur die fünf besten Mitglieder der Gruppe eine Prüfung bestehen könnten. Die Eigeninteressen der einzelnen Gruppenmitglieder legen es in einem solchen Fall nahe, andere Lernende als Konkurrenten zu sehen. Informationen werden zurückgehalten, der eigene Vorteil wird auf Kosten anderer gesucht, möglicherweise versucht man, sich gegenseitig gezielt zu verunsichern usw. Die Gruppenmitglieder erkennen, dass sie ihre eigenen Ziele nur dann erreichen können, wenn die anderen sie nicht erreichen. So führt negative Abhängigkeit zu einem für die Kooperation destruktiven Verhalten.

Bei fehlender Abhängigkeit erkennen die Gruppenmitglieder, dass sie ihre Ziele unabhängig voneinander erreichen können. In diesem Fall besteht eine Situation, die keinen Anlass für Kooperation schafft.

Eine Zusammenarbeit, bei der sich die Teilnehmenden bewusst als Interessengemeinschaft wahrnehmen können, schafft die beste Grundlage für eine erfolgreiche Kooperation.

3.1.4 Persönliche Leistungsmotivation

Folgende Beispiele dürften vielen Kursleitenden bekannt vorkommen:

- Sie haben Lust, das Jonglieren mit drei Bällen zu lernen.

- Sie möchten schneller im fünften Stock sein als der gleichzeitig losfahrende Fahrstuhl.
- Sie möchten genau wissen, wie viel Sie schon begriffen haben, und freuen sich auf die Testaufgaben.

Vielen Menschen bereitet es Vergnügen, die eigenen Fähigkeiten und Grenzen auszuloten, Herausforderungen anzunehmen und dabei die eigenen Kompetenzen zu erfahren. Es entstehen Glücksgefühle, wenn die Herausforderung gemeistert und die eigene Tüchtigkeit bewiesen ist. Das dabei angestrebte Anspruchsniveau kann ein selbst gesetztes oder von außen übernommenes und akzeptiertes sein. Dieser persönliche Gütemaßstab soll erreicht oder übertroffen werden. Wenn die Ergebnisse etwas über dem angestrebten Ziel liegen, setzt dies im Gehirn besonders viele förderliche Botenstoffe frei und löst damit einen neuerlichen Motivationsschub aus (Herrmann 2006, S. 124). Die Folgen mögen angenehm oder nützlich sein, doch die Triebkraft des Handelns ist die Leistungsmotivation – ein zweckfreier innerer Antrieb.

3.1.5 Feedback

Rückmeldungen sind wirkungsvolle Lernverstärker. Leitende können anspornendes Feedback geben, wenn sie auf die individuellen Lernfortschritte eingehen. Die Rückmeldung konzentriert sich damit auf die Erfolge, eine Perspektive, die dem einzelnen Lernenden angesichts von Schwierigkeiten verloren zu gehen droht. Wenn Selbstvertrauen gewachsen ist, kann ein zweites Feedback-Prinzip hinzukommen, bei dem Erfolge an der Lösung der Aufgabe gemessen werden. Ein informatives Feedback informiert über Stärken und Schwächen und legt den Fokus auf weitere Verbesserungsmöglichkeiten. Wo es lediglich um subjektive Einschätzungen geht, wie z.B. bei Verhaltensanforderungen, können nur der persönliche Eindruck des Feedback-Gebers und bestenfalls die Auswirkungen des Verhaltens beschrieben werden.

Um die Leistungsmotivation aufrechtzuerhalten oder zu fördern, ist es erforderlich, dass die Lernenden die Kriterien für gute Leistungen eindeutig kennen. So können sie ihren eigenen Gütemaßstab an die Bewältigung der

Aufgabe anlegen und ihren Fortschritt jederzeit selbst beurteilen. Ohne zu wissen, in welchem Tempo man sich dem Ziel nähert, verliert man die Orientierung – und die Motivation flacht ab.

Wer seinen Erfolg beim Lernen der eigenen Leistung zuschreibt, motiviert sich. Auch dafür ist die Rückmeldung wichtig. Denn nicht immer wird ein Erfolg der eigenen Tüchtigkeit zugeschrieben; mal schien die Aufgabe besonders leicht, das Glück oder der Zufall hat scheinbar mitgeholfen oder die Gruppe war so unterstützend. Kursleitende sollten deshalb ihre Rückmeldung so formulieren, dass die Lernenden sich die Erfolge selbst zuschreiben können. Im Falle von Misserfolgen hingegen beeinträchtigt es den Glauben an die eigenen Fähigkeiten weit weniger, wenn das Versagen einer mangelnden Anstrengung zugeschrieben wird.

ÜBERSICHT

Leistungsmotivation hat sechs Förderer:

- Herausforderungen, bei denen sowohl Erfolg als auch Scheitern möglich scheinen,
- die Zuversicht, eine Aufgabe aus eigener Kraft lösen zu können,
- das Wissen, welche Kriterien für das Erreichen des Ziels erfüllt sein müssen,
- Rückmeldungen, die sowohl Erfolge als auch Fehler aufzeigen,
- das Wissen, welche weiteren Lernschritte nötig sind sowie
- die Kenntnis, wie welche Fehler zustande kommen und wie sie vermieden werden können.

3.1.6 Eigenständigkeit

Unabhängigkeit und Einfluss sowie das Bestreben, in bestimmtem Umfang selbst entscheiden zu können und im eigenen Handeln nicht fremder Kontrolle zu unterliegen, sind grundlegende Bedürfnisse. Werden diese auch beim Lernen berücksichtigt, eröffnet sich den Lernenden eine zusätzliche Motivationsquelle. Daher sollten Kursleitende Eigenständigkeit respektieren und fördern. Wenn hingegen „ungebetene Ratschläge (...) Handlungen nahelegen, die man ohnehin ausführen wollte, wirken sie auf nahezu heimtückische Weise motivationshemmend“ (Petersen 2002, S. 58).

Wahlmöglichkeiten eröffnen die Chance, Aufgaben mit unterschiedlichem Schwierigkeitsgrad zu wählen und so zu häufigeren Erfolgserlebnissen zu kommen. Ebenso steigert es die Motivation, wenn Lernende die Bedingungen, unter denen Lernen stattfindet, beeinflussen können. Insgesamt stärkt Selbstverantwortung die Lernmotivation: Je mehr Verantwortung die Teilnehmenden im Lernprozess besitzen, desto größer ist ihre Bereitschaft, sich für ihre Ziele einzusetzen. Checkliste 6 bietet hierzu wichtige Anhaltspunkte.

CHECKLISTE 6

Mehr Autonomie durch Wahlmöglichkeiten

Wenn Sie folgende Bedingungen schaffen, fördern Sie Motivation:

- ☐ Geben Sie den Teilnehmenden die Möglichkeit, eigene Prioritäten zu setzen (Autonomie in Bezug auf die Lernziele).
- ☐ Bieten Sie Aufgaben nach Schwierigkeitsgrad gestaffelt an (Autonomie in Bezug auf die Lernwege).
- ☐ Reflektieren Sie den Arbeitsprozess in der Gruppe und stimmen Sie ihn gemeinsam ab (Autonomie in Bezug auf die Lernmethoden).
- ☐ Besprechen Sie das gemeinsame Vorgehen (Autonomie in Bezug auf die Sozialformen).

3.2 Spannend ins Thema einsteigen

3.2.1 Orientierung

Um den „Lernmotor“ in Gang zu bringen, sind folgende Informationen und Aspekte hilfreich:

- Nutzen und praktische Anwendungsmöglichkeiten von Lernzielen werden deutlich.
- Die Zuversicht stellt sich ein, dass das Lernziel erreicht wird.
- Aufgaben und deren Zeitpunkt werden begründet.
- Sinn und Zweck der jeweiligen Aufgabe sind eindeutig.
- Der Überblick über den Ablauf der Lerneinheit wird bekanntgegeben.
- Die Einordnung der Aufgabe in den Gesamtzusammenhang ist verständlich.

- Die persönliche Sicht der Leitung auf das Thema wird erkennbar.
- Die Aufgabe stellt eine Herausforderung dar.

Bringen Sie die hier genannten Aspekte in eine Reihenfolge, die Ihren persönlichen Prioritäten entspricht. Achten Sie bei der Vorbereitung Ihres Unterrichts darauf, die für Sie wichtigsten Elemente in die Unterrichtsplanung einfließen zu lassen.

BEISPIEL

Der zweite Abend im Seminarteil „Personalwesen" für Betriebswirte des Handwerks beginnt. Zunächst gibt die Kursleiterin Klaudia Klug einen Überblick über den geplanten Ablauf dieses Abends. Sie kündigt die erste Aufgabe an, erklärt deren Sinn und weist auf den Nutzen hin. Dazu gibt sie ein anschauliches Beispiel, wie das Erlernte praktisch angewendet werden kann.

Die Kursleiterin hat eine lange Liste von weiteren anspornenden Informationen für die Teilnehmenden im Hinterkopf, entscheidet sich jedoch, nur die genannten drei Aspekte zu thematisieren.

Lernmotivation entsteht, wenn sowohl Sicherheit als auch Herausforderung gegeben sind. Für ein solches Klima sind Leistungsdruck, entmutigende Bemerkungen, Hinweise auf Unangenehmes oder gar ein autoritärer Tonfall kontraproduktiv. Die Ziele sollten verlockend klingen und erreichbar scheinen – denn nur erreichbar erscheinende Ziele wecken die notwendige Erfolgszuversicht, ohne die es keine Motivation gibt. Ein sorgfältig gestalteter Überblick – auf Flipchart, Tafel oder Folie visualisiert – dient in unübersichtlichem Themengelände als roter Faden und hilft, Details richtig einzuordnen.

3.2.2 Zielgerichtete Neugier wecken

Um gedanklich ins Thema einzusteigen zu können, muss vorhandenes Wissen erst einmal aktiviert werden. Dafür benötigen die Teilnehmenden Zeit. Vor der Vermittlung des Lernstoffs ist also eine Phase notwendig, die das Interesse weckt oder verstärkt.

Spezifische Neugier entsteht durch konkrete Anreize. Eine bestehende Wissenslücke wird als bedauerlich empfunden. Es entsteht das Bedürfnis, sie zu schließen. Die Situation ist einladend – sie verspricht einen Zugewinn an Information und Freude. So wird vorhandenes Wissen über das Thema eine Brücke zu neuem Wissen. Nicht-zu-Ende-Gedachtes, offene Fragen, ungelöste Probleme – also „unfertige kognitive Strukturen“ (Grone/Petersen 2002) im Gehirn – lassen Neugiermotivation entstehen. Das Gehirn wartet darauf, vergleichen zu können, rätseln oder knobeln zu dürfen, vielleicht eine Lösung zu finden, also die unvollendeten Strukturen zu ergänzen. So wird ein Aha-Erlebnis ausgelöst, das bewirkt, dass als Belohnung „Wohlfühl“-Botenstoffe (Dopamin u.a.) ausgeschüttet werden und Zufriedenheit und Freude entstehen.

Wie gelingt es, das natürliche Bedürfnis, mehr zu wissen und genauer zu verstehen, für die Auseinandersetzung mit dem Lernstoff zu nutzen? Der Wunsch, genauer Bescheid zu wissen, wird durch Überraschendes und Widersprüchliches oder durch das Provozieren einer Fragehaltung angeregt. Lernformen, die vom Gewohnten abweichen, machen neugierig; Aufgaben, die Abwechslung bringen, wecken Interesse – an beides erinnert man sich besser.

WISSENSWERT

Das Gehirn verarbeitet Wissen nicht nur rational, sondern verknüpft es mit unterschiedlichen Informationen. Im Lernprozess sollte nach Möglichkeit immer beides ermöglicht werden: die bewusste Reflexion über neues Wissen und das freie Assoziieren, Schätzen und Spüren von Inhalten (DGSL 2009).

Das natürliche Bestreben, sich mit Neuem aneinanderzusetzen, wird durch den Wunsch verstärkt, das eigene Wissen in Bezug auf ein Thema dem persönlichen Anspruchsniveau anzupassen, in der Regel also zu vervollständigen. Die Leistungsmotivation springt an. Es gilt noch immer die von Piaget formulierte Wahrheit: „Je mehr der Mensch gesehen und gehört hat, desto mehr wünscht er zu sehen und zu hören.“

Um Themen motivierend aufzubereiten, werden geeignete Methoden benötigt. Diese Methoden können nach verschiedenen Kriterien systematisiert werden, dazu im Folgenden mehr.

3.2.3 Meinung provozieren und polarisieren

Eine Haltung oder Meinung zu einem Thema wird provoziert, indem man mit überraschenden oder widersprüchlichen Informationen eine Frage oder Betroffenheit erzeugt. Damit kann man dazu anregen, Partei zu ergreifen. Es kann auch Neugier entstehen, welche Ansicht richtig ist und ob man mit seiner eigenen Meinung richtig liegt.

Bei der Suche nach dem besonderen Einstieg sollte die Messlatte nicht zu hoch angelegt werden. Nicht jedes Thema eignet sich, um Emotionen zu wecken. Nicht jeder Gegenstand kann mit einer Knobelaufgabe eingeführt werden. Mehrere bewusst gesetzte, kleine und liebevoll formulierte Lernanregungen fördern Interesse und Motivation.

BEISPIEL

Klaudia Klug unterrichtet Kommunikation im Rahmen des Fachs „Personalwirtschaft". Für den Beginn des Seminarabends wünscht sie sich zum Einstieg in das Thema „Verhandlungstechnik" eine lebendige Diskussion, denn sie weiß, wie schwer es sein kann, nach einem anstrengenden Arbeitstag auf das Lernen umzuschalten. Deshalb hofft sie, mit einer moralischen Frage die Gemüter zu erhitzen und die Teilnehmenden dazu zu verlocken, Partei zu ergreifen. Denn nachdem diese aktiv diskutiert haben, sind sie auch daran interessiert, eine Verhandlung praktisch durchzuspielen.

Die Leiterin schlüpft in die Rolle von Karl Clever, einem gewieften Verhandler, der schon manchen Kunden über den Tisch gezogen hat und sehr stolz darauf ist, unfaire Gesprächstechniken – „natürlich nur im Notfall" – anzuwenden. Dann wechselt sie ihren Standort und tritt als Nora Naiv auf, die korrekt und fair stets eine Win-win-Situation anstrebt. Die Seminarleiterin wechselt noch einmal die Rollen und wählt für jede der beiden Sichtweisen geeignete Beispiele, Fakten oder Situationen aus, die einseitig für die eine oder die andere Position sprechen. So zeigt sie einen emotionalisierten Dialog zwischen zwei etwa als gleich stark dargestellten Positionen.

Die ihrem Auftritt folgende Diskussion ist lebendig, differenziert und nicht einseitig. Klaudia Klug möchte nun alle Teilnehmenden einbeziehen und greift deshalb zur Methode *Ampel-Feedback*.

AKTION

Ampel-Feedback

Bevor die Gruppenmitglieder mithilfe von farbigen Abstimmungskarten ihre Meinung kundtun, sind sie aufgefordert einzuschätzen, zu welcher Meinung wohl die Mehrheit der Anwesenden neigt. Dazu kann man die Teilnehmenden auffordern, für die Position zu stimmen, von der sie glauben, dass sie mehrheitlich vertreten wird. Auf diese Weise wird die Gruppe auf das Thema eingestimmt. Die Teilnehmenden werden zur Reflexion der eigenen Meinung animiert. Sie sind persönlich involviert – was die Lernmotivation bedeutend steigert.

Der Einsatz von Abstimmungskarten hat zwei Vorteile: Manche Gruppenmitglieder neigen dazu, sich nicht an der Abstimmung beteiligen zu wollen. Wenn sie dann aufgrund von wiederholtem Bitten doch mitmachen, verliert der Abstimmungsprozess seinen Reiz. Wie so oft fehlen bei passivem Verhalten der Teilnehmenden Strukturen, die das Handeln ermutigen und den ersten Schritt erleichtern. Die Möglichkeit, mit Karten abzustimmen, bewirkt hier eine aktive Teilnahme aller Anwesenden. Wenn die Teilnehmenden ihre Wahlkarten vor der ersten Abstimmung auf dem Tisch liegen haben, kann der Abstimmungsprozess bei allen Anwesenden gleichzeitig verlaufen. Eine Orientierung an der Mehrheit ist dann kaum möglich. Alle müssen Farbe bekennen. Das macht die Situation zusätzlich reizvoll.

Das Ampel-Feedback lässt sich neben dem Abfragen von Meinungen, Haltungen und persönlichen Sichtweisen auch für gemeinsame Entscheidungen oder Klärungsprozesse nutzen. Der Vorteil dieses Verfahrens besteht darin, dass schnell eine klare, alle Teilnehmenden einbeziehende Situation herstellt wird. Der Nachteil ist die rigide Art der Festlegung auf „ja", „nein" oder „weiß nicht".

Motivationshebel sind die durch die Konfrontation mobilisierten eigenen Werte und Erfahrungen der Teilnehmenden, die für sie mit Emotionen verbundenen sind. Zusätzlich verstärkt die Tatsache, sich entscheiden zu müssen, den Grad der inneren Beteiligung. Auf einfache Weise kann die eigene Meinung mit der der anderen verglichen werden. Durch diese Möglichkeit entsteht Neugier, und es werden „machtvolle Neuromechanismen“ angesprochen (Birkenbihl 2004).

Es gibt eine weitere Methode, die es in ähnlicher Weise ermöglicht, über die Transparentmachen von Sichtweisen Diskussionen über Haltungen, Meinungen oder Emotionen anzuregen; dies wären die *Skalierungsfragen* (→ Kap. 6.2.5).

3.2.4 Sichtweise der Lernenden einbeziehen

Eine andere Form der Aktivierung ist ein Gedankenaustausch über das Thema, das im weiteren Verlauf des Kurses behandelt werden soll. Das Thema rückt (wieder) ins Bewusstsein, das Gespräch bringt gemeinsame und unterschiedliche Sichtweisen hervor. Letztere regen die Diskussion an und können neue Ideen generieren. Außerdem haben die Teilnehmenden Gelegenheit, ihr Wissen einzubringen. Damit das Gespräch jedoch auf das Thema fokussiert bleibt, bedarf es gezielter Anregung in klaren Strukturen.

AKTION

Ausprobieren weckt Bedarf nach Austausch

In dieser Übung wird ein „Schnupperangebot" gemacht, um Neugier auf ein Thema zu wecken. Die Kursleitung bittet die Gruppenmitglieder, einen Innen- und einen Außenkreis zu bilden, so dass sich jeweils zwei Personen gegenüberstehen und ansehen. Wenn die Anzahl der Personen ungerade ist, steht eine zusätzliche Person im Außenkreis.

Die Mitglieder im Außenkreis erhalten nun die Aufgabe, ein störendes Verhalten positiv zu interpretieren (→ Kap. 7.2.3). Die jeweiligen Gesprächspartner im Innenkreis sollen dann Rückmeldung geben, ob die Neuinterpretation gelungen und akzeptabel ist.

Nun nimmt man vorab vorbereitete Stichworte und legt ggf. Musik ein. Mit deren Einsetzen beginnen die Teilnehmenden des Außenkreises, im Uhrzeigersinn um die im Innenkreis stehenden Personen herumzulaufen. Die Musik wird nach 20 bis 30 Sekunden gestoppt. Jetzt wird die erste Aufgabe gestellt. Diese kann, wenn das Thema z.B. „Gesprächsführungsstrategien" heißt, wie folgt lauten: „Ihr Gegenüber ist ein Vielredner. Was können Sie an diesem Verhalten Positives entdecken?"

Nun beginnen die Dialoge zwischen den Teilnehmenden. Nach einer Minute setzt die Musik wieder ein. Sie dient als Signal, die Gespräche abzubrechen und den Gang um den Innenkreis wieder aufzunehmen. Mit dem erneuten Aussetzen der Musik stoppen die Personen des Außenkreises vor einem neuen Gegenüber.

Nach vier Runden fungiert der bisherige Innenkreis als Außenkreis.

Im Anschluss wird die Übung ausgewertet. Sie regt Fragen nach dem Stellenwert solcher Umdeutungen an und danach, welches Vorgehen in einem Gesprächsprozess zu welcher Zeit passend ist.

Musik und Bewegung sorgen für gute Stimmung. Die beschriebene Methode ist nicht nur zum Aufwärmen für ein Thema, sondern auch für viele andere Anlässe einsetzbar, z.B. zur Reflexion oder Reproduktion des Gelernten, für kleine Aufgaben (z.B. um Ich-Botschaften zu üben oder Wünsche im Fremdsprachenunterricht auszudrücken), kurz: überall dort, wo etwas auf spielerische Weise ausprobiert werden soll oder kurze Dialoge das Lernen beflügeln können.

Die Motivatoren sind:

- die Herausforderung, assoziativ und spontan die richtigen Worte zu finden,
- das Ausprobieren ohne Leistungsdruck,
- Neugier auf das Kommende sowie
- zwanglose Bewegung mit Musikbegleitung.

3.2.5 Spannung durch Rätsel

Durch den Einsatz von Rätseln sollen die Teilnehmenden den Wert des lösungsorientierten oder systemischen Denkens erkennen. Beim *lösungsorientierten* Denken wird das gewünschte Ziel zum Ausgangspunkt der Überlegungen gewählt. Wenn die Beteiligten von dort aus zurückblicken, fällt es ihnen leichter, die möglichen Schritte zum Ziel zu erkennen. *Systemisches* Denken bedeutet, sich in die Lage anderer hineinzuversetzen, um die Situation aus deren Perspektive zu betrachten. Beide Denkansätze ermöglichen es, neue Erkenntnisse zu generieren.

BEISPIEL

Klaudia Klug freut sich, den Teilnehmenden ein pfiffiges Rätsel als Beispiel für diese Form des Denkens zu stellen. Tatsächlich ist das folgende Rätsel auch nur zu lösen, wenn neben der Fähigkeit, logische Schlussfolgerungen ziehen zu können, die oben beschriebenen Kompetenzen eingesetzt werden können. So kann sie den Teilnehmenden helfen, lösungsorientiert zu denken oder Perspektivwechsel auszuprobieren.

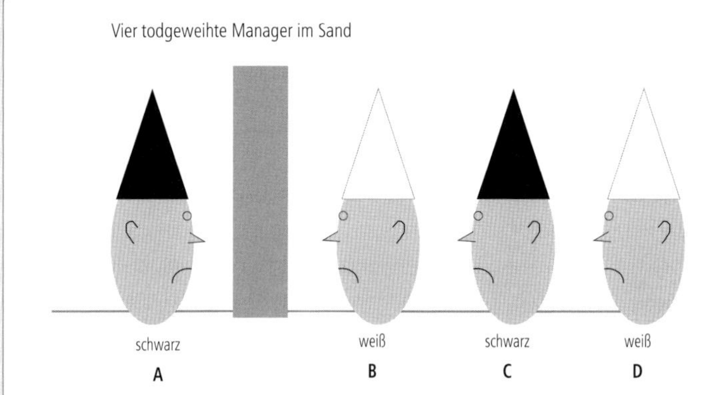

Rätsel

Vier Manager wurden aufgrund völliger Unfähigkeit bis zum Kinn im Sand eingegraben, es drohte ihnen die Todesstrafe. Sie können sich absolut nicht bewegen, nicht einmal die Köpfe drehen. Zwischen A und B befindet sich eine massive Steinmauer. Die Männer wissen, dass alle von ihnen einen Hut aufhaben, zwei davon schwarz, zwei weiß. Sie wissen aber nicht, wer welche Farbe trägt. Um zu vermeiden, dass sie erschossen werden, muss einer es schaffen, seine Hutfarbe zu benennen. Wenn er sich irrt, werden alle vier Männer auf der Stelle erschossen. Es gibt keine zweite Chance. Sie dürfen nicht reden und bekommen zehn Minuten Zeit zum Nachdenken. Wenn sie es bis dahin nicht schaffen, werden sie ebenfalls erschossen. Nach wenigen Minuten sagt einer die korrekte Farbe seines Hutes – alle sind gerettet. Wer wusste die richtige Antwort, und warum konnte er absolut sicher sein, dass sie stimmte?

Lösung

C fragt sich: „Was würde D sehen, wenn er die Lösung hätte?" Daraus schlussfolgernd kann er, da er vor sich einen weißen Hut sieht, die Farbe seines Hutes benennen.

Die Herausforderung, die Aufgabe zu lösen, wirkt unmittelbar aktivierend. Lernen erfolgt vor allem bei „guter Laune", denn „Emotionen und Kognitionen gehören zusammen" (Spitzer 2007).

3.2.6 Kurze Szenen geben Impulse

Die Methode *Szenen stellen* ist gut geeignet, wenn das zu Lernende aus verschiedenen Perspektiven betrachtet werden kann, beispielsweise Themen, bei denen Fachexperten unterschiedliche Blickwinkel haben oder bei denen unterschiedliche Interessen im Spiel sind. Verschiedene Sichtweisen des Themas lassen sich mithilfe eines als Aufhänger dienenden fiktiven Ereignisses in Szene setzen. Das Zusammentreffen der Beteiligten findet entweder an einem Ort statt, beispielsweise vor Gericht, oder an mehreren Orten, z.B. zuerst im jeweils eigenen Büro, dann gemeinsam im Hotel.

Die Teilnehmenden sollen für das Thema „Verhaltensmuster erkennen und verstehen" interessiert werden. Dabei geht es außerdem darum,

- Neugier zu wecken,
- Aha-Erlebnisse auszulösen und
- erste Erkenntnisse für die weitere Arbeit zu vermitteln.

BEISPIEL

Klaudia Klug unterrichtet das Thema häufiger. Deshalb hat sich für sie die Mühe der Vorbereitung gelohnt. Da bei diesem Thema sogar vier Perspektiven möglich sind, hat sie vier kurze Stellungnahmen geschrieben, die je eine Sichtweise auf das Thema einnehmen. Sie werden zum Schluss vorgelesen und fördern das Interesse an den unterschiedlichen Sichtweisen (→ Kap. 8.2.3). Für viele Themen sind jedoch schon zwei oder drei Blickwinkel maßgeblich. Außerdem müssen für das Geschehen ein Ort (hier in einem Führungskräfteseminar) festgelegt und für die geplanten Szenen prägnante Aussagen oder Kurzdialoge formuliert werden. Szenen sind kurze Spielsequenzen, die aufzeigen, dass oder wie die Beteiligten aufgrund ihrer Sichtweisen zur Situation, zur Aufgabe oder zum Problem in einen Konflikt geraten sind.

Fünf Personen erhalten festgelegte Rollen (ein Seminarleitender und vier Teilnehmende) und Accessoires, die ihre Rolle veranschaulichen:

- Rolle 1: Seminarleiterin Sabine Schlau
- Rolle 2: Herr Dr. Wisser (mit Schlips)
- Rolle 3: Frau Brummig (mit schickem Tuch)
- Rolle 4: Herr Schlurig, Frau Denk (mit exaltierter Brille)
- Rolle 5: Herr Bärbeis (mit Fliege)

Alle erhalten Namensschilder. Wisser, Brummig, Denk und Bärbeis erhalten ihre Texte mit Stellungnahmen, die sie am Ende vorlesen. Klaudia Klug gibt eine kurze Einleitung:

„Wir erleben jetzt drei Szenen, Momentaufnahmen aus einem Seminar für Führungskräfte. Die Szenen enthalten kurze Dialoge oder Bemerkungen. Der Sinn der Dialoge wird sich uns mit den nachfolgenden Erklärungen einiger Beteiligter erschließen. Alle werden mitspielen, einige als Seminarteilnehmende ohne Text, andere erhalten Rollen und Texte, die sie vorlesen sollen."

Alle Gruppenmitglieder verlassen ihre angestammten Plätze und suchen sich einen anderen Platz. Dann verkündet Klaudia Klug: „Wir befinden uns jetzt im Seminar, es ist der Vormittag des zweiten Tages."

1. Szene

Alle sitzen in einem Stuhlkreis.

Herr Dr. Wisser (väterlich-autoritärer Ton): „Rollenspiele sind doch viel zu aufgesetzt und zu wenig praxisnah. Das können wir mit anderen Methoden doch viel besser machen, Frau Schlau."

Frau Brummig (etwas spitz): „Rollenspiele möchte ich aus persönlichen Gründen nicht mitmachen."

Herr Schlurig (distanziert-abwertend): „Das ist doch eine Kindergartenmethode. Meine Tochter sollte neulich in der dritten Klasse ..."

Leiterin (unterbricht mit wohlwollendem, warmherzigen Ton Herrn Schlurig): „Kann es sein, Herr Schlurig, dass Sie mit dieser Bemerkung versuchen, das Thema ‚Gefühl' nicht so nah an sich herankommen zu lassen?"

2. Szene

Kursleiterin: „Lassen Sie uns feststellen, wie dicht Sie im Moment am Thema dran sind. Bitte markieren Sie ihren aktuellen Stimmungsstand auf diesem Thermometer."

(Sie entrollt ein über zwei Flipchart-Bögen gemaltes Thermometer. Alle Teilnehmenden markieren ihren Stimmungsstand, indem sie einen Stift auf eine Gradzahl des Thermometers legen.)

3. Szene

Die Gruppe steht zusammen. Vor ihr befinden sich ein Tisch und zwei Stühle.

Kursleiterin: „Ich freue mich, dass wir alle etwas Bewegung haben, und bin genauso gespannt auf das Rollenspiel wie Sie. Wie viel Sie von sich zeigen, bestimmen ja letztlich Sie selbst. Frau Denk, Sie als scharfe Beobachterin möchte ich einladen, den Gesprächsverlauf genau zu analysieren. – Herr Dr. Wisser, wir werden jetzt ganz praktisch die Optionen prüfen, die wir zu diesem Fall vorhin diskutiert haben. Einfach mal ausprobieren, ob es so gehen könnte … Es ist jetzt Dienstag, morgens um 10.30 Uhr. Das Gespräch findet im Besprechungszimmer statt."

„Das waren drei Szenen, die drei wichtige Schritte auf dem Weg von der Skepsis hin zur Zustimmung zum Rollenspiel markiert haben. Nun hören wir abschließend die vier Stellungnahmen."

Dann bittet Sie, die vier Stellungnahmen vorzulesen. Anschließend setzen sich die Teilnehmenden wieder auf ihre ursprünglichen Plätze

Bei den Kursteilnehmenden ist der „Neuigkeitsdetektor" (Spitzer 2007) durch Erklärungsbedürftiges angesprungen. Weitere Motivatoren sind aktive Beteiligung, ein entstehender Spannungsbogen und Neugier auf das Kommende.

Die Überleitung zum Thema kann nach diesem Einstieg auf unterschiedliche Weise gestaltet werden. Eine Möglichkeit besteht darin, gemeinsam zu spekulieren, welche ihrer Verhaltensmuster es den vier Akteuren schwer gemacht haben, Rollenspiele mitzumachen, welche Bedürfnisse zum Thema Rollenspiel durch ihre Verhaltensdisposition bestimmt wurde und welche Verhaltensmuster die Teilnehmenden bei sich selbst wiedererkennen.

WISSENSWERT

Fakten werden im semantischen und Erlebnisse im episodischen Gedächtnis verarbeitet. Abstraktes Wissen oder theoretische Inhalte sollten immer auch mit persönlichen Erlebnissen oder Geschichten verknüpft werden (DGSL 2009).

3.3 Methodenvielfalt bei der Wissensvermittlung

3.3.1 Aktive Auseinandersetzung mit dem Lernstoff

Wer sich mit einem Thema aktiv auseinandersetzt, lernt. Dieser Grundsatz sollte Kursleitenden stets präsent sein.

BEISPIEL

Mareike Machwas hat sich wieder mal hinreißen lassen. Die Zeit drängte, viel Stoff war noch zu vermitteln. Und die motivierten Lernenden hatten den Wunsch, in kurzer Zeit möglichst viel Wissen und möglichst schon fertige Lösungen mitzunehmen. Ein Referat schien da genau passend. Zwei Tage später kam die Ernüchterung. Ein kleines Quiz brachte es an den Tag: Das meiste im Vortrag Angesprochene war vergessen.

Im genannten Beispiel vergaßen die Teilnehmenden den Unterrichtsstoff, weil sie sich nicht aktiv mit ihm auseinandersetzen konnten. Das Autorenteam um Skill hat sich mit den verschiedenen Kanälen der Informationsaufnahme und deren Wirksamkeit auseinandergesetzt:

WISSENSWERT

Wir behalten 10 Prozent von dem, was wir lesen, 20 Prozent von dem, was wir hören, 30 Prozent von dem, was wir sehen, 50 Prozent von dem, was wir hören und sehen, 70 Prozent von dem, was wir selber sagen, 90 Prozent von dem, was wir selber tun (Skill u.a. 1995).

Eine aktive Auseinandersetzung mit dem Lernstoff sollte also immer erfolgen. Die Teilnehmenden sollten diskutieren, tüfteln, berechnen und ausprobieren. Durch Handeln bleiben die Ergebnisse oder das Vorgehen besser in Erinnerung: „Wissen kann nicht übertragen werden, es muss im Gehirn eines jeden Lernenden neu geschaffen werden“ (Herrmann 2006, S. 4). Lernen ist vor allem Selbsttätigkeit. Es geschieht auf individuellem Weg und mit persönlicher Wertung. Im Folgenden werden einige Ideen vorgestellt, die die Eigenständigkeit der Lernenden ermöglichen.

Die Arbeitsweise des Gehirns hat sich evolutionär herausgebildet. Das Selbst braucht für seine Entwicklung die Vergleiche mit anderen Menschen. Bestimmte Denkmuster haben sich als überlebensnotwendig oder einfach nur als sinnvoll bewährt. Dazu zählt z.B., Möglichkeiten, Muster, Regeln und Bedeutungen zu finden, eigene Entdeckungen zu machen und die Gelegenheit zum assoziativen Denken zu haben. Diese Art des Denkens nutzt das Gehirn gern und ohne Anstrengung. Es sind Denkmuster, die vielen attraktiven Spielen zugrunde liegen. Es ist motivierend, solche Denkmuster für das Lernen zu nutzen.

Darüber hinaus fördert es die Motivation, wenn man:

- sich in angemessener Weise bewegen kann, statt lange still sitzen zu müssen,
- eigene Sichtweisen und Interessen einbringen und
- sich in lebendigem Austausch mit anderen erleben kann.

Spannend wird es, wenn offene Prozesse entstehen, deren Entwicklung nur begrenzt vorhersehbar ist.

3.3.2 Wissen durch Kombination

Informationen, die von den Lernenden miteinander verknüpft oder in bestimmter Weise strukturiert werden, können neue Erkenntnisse nach sich ziehen.

AKTION

Regeln ableiten

Soll in einem Seminar ein Thema vermittelt werden, kann die Kursleitung die Teilnehmenden gezielt dazu anregen, Regeln selbst herzuleiten, anstatt sie nur passiv anzunehmen. Dabei kann man wie folgt vorgehen: Je zwei nebeneinander Sitzende arbeiten zusammen. Jedes Paar erhält zwei Sets mit Karteikarten. Geht es z.B. in einem Kurs zum Thema „Betriebliches Rechnungswesen" um die Frage, wodurch die Wertminderungen des Anlagevermögens – also Abschreibungen – entstehen und welchen Ursachen diese Wertminderungen zuzuordnen sind, könnten die Karten folgendermaßen vorbereitet sein: Auf den einen wird jeweils eine Ursache von Wertverlust genannt (z.B. zeitlicher Verschleiß), die anderen beschreiben je ein konkretes Beispiel einer Abschreibungsnotwendigkeit (z.B. Totalschaden durch Unfall). Die Paare erhalten nun die Aufgabe, die angegebenen Beispiele den aufgeführten Ursachen zuzuordnen. Dabei können sie auch überlegen, welche Abschreibungen planbar und welche zufällig sind.

Das selbstständige Ableiten von Regeln motiviert. Der umgekehrte Weg – erst Regeln zu pauken und dann Beispiele dafür zu finden – ist hingegen ein mühsamer Vorgang. Das selbstständige Vorgehen ist gehirn- und lernfreundlich: Das Gehirn als „Regelextraktionsmaschine“ (Spitzer 2007) darf knobeln.

Der Reiz für die Teilnehmenden liegt im eigenständigen Lernen (Autonomie) und im Kombinieren und Entdecken (Neugier-Motivation mit Aha-Effekt). Das Erlebnis, selbstständig Neues erarbeitet zu haben, stärkt den Glauben an die eigene Kompetenz und die Leistungsmotivation.

Wichtig für die Entstehung und Aufrechterhaltung der Motivation ist der Glaube an die Erreichbarkeit des Ziels. Fehlt diese Erfolgszuversicht, geht jegliche Motivation verloren. Um dies zu vermeiden, sollten die Lernschritte klein gehalten sein. So können zu Beginn des Seminars gesetzte Zwischenziele für häufigere Erfolgserlebnisse sorgen und einen zusätzlichen Motivationsschub geben. Weil sich nach ersten Anfangserfolgen stets vieles als schwieriger erweist als erwartet, werden die ersten Erfolge so zu einer wichtigen Kraftreserve.

3.3.3 Wissen durch Strukturierung

Wissen wird vertieft, wenn Erkenntnisse nach systematischen Kriterien oder auch auf individuelle Weise strukturiert werden können.

AKTION

Begriffs-Domino

Die folgende Variante der Methode *Strukturlegetechnik* eignet sich z.B. gut, wenn Teilnehmende die Bedeutung zentraler Begriffe kennen und verstehen sollen. Vorbereitend schreibt der Leitende einige für das Verständnis des jeweiligen Themas zentrale Begriffe auf je eine Moderationskarte (z.B. zentrale Begriffe des Themas „Kostenrechnung"). Als Hilfe gibt es zusätzlich einige Arbeitsblätter mit Beispielen und Definitionen der wichtigsten Begriffe zum Nachschlagen. Die Teilnehmenden können bei dieser Methode ihr Vorwissen einbringen, haben aber auch Gelegenheit, Wissenslücken durch Diskutieren oder einen Blick in die Arbeitsblätter zu schließen. Es werden Kleingruppen zu je fünf Personen gebildet. Jede Gruppe bekommt die Aufgabe, die Karten nach Art des Dominospiels so aneinanderzulegen, dass ausschließlich Begriffe zusammenliegen, die sich aufeinander beziehen. Beim Auslegen der Karten nach Funktionen, Bedeutungen, Wichtigkeit usw. wird das Verständnis der Begriffe und der Zusammenhänge hinterfragt. Da es nach sachlogischer Begründung auf den ersten Blick scheinbar zu wenig zusammenpassende Anlegemöglichkeiten für einzelne Begriffe gibt, sind die Teilnehmenden gezwungen, genau zu überlegen und gut zu begründen, wie das Anlegen eines Begriffs an einen anderen zu rechtfertigen ist. So entstehen nach und nach eine Struktur und ein vertieftes Verständnis der Begriffe. Durch die unterschiedlichen Anlegemöglichkeiten ergibt sich in jeder Kleingruppe ein anderes Bild. Es vertieft den Erkenntnisgewinn, nun diese gelegten Strukturen zu vergleichen und zu hinterfragen.

Wissen wird effektiv aufgebaut, wenn neue Informationen an das vorhandene Wissen „andocken" können. Weil das Vorwissen dabei in das Lernen integriert ist, wird Lernen entscheidend erleichtert. Bei Aufgabenstellungen, in denen vorhandenes Wissen mit neuem Wissen verbunden werden soll, ist es besonders wichtig, den richtigen Schwierigkeitsgrad zu finden. Stellt sich eine Aufgabe als zu schwierig heraus, kippt das motivierende Gefühl der Herausforderung in Frustration um. Wertvoll ist das Erarbeiten einer Grobstruktur, weil das zu lernende Detailwissen wirksam in den Gesamtzusammenhang eingeordnet werden kann. Das Verständnis der Zusammenhänge und die Festigung des Wissens werden optimiert.

Das Motivierende der oben beschriebenen Übung liegt im spielerischen Kombinieren der Begriffe, das durch die vorgegebene Regel erzwungen wird. Es wird als anregend erlebt, Zusammenhänge und Bedeutungen zu suchen, zu kategorisieren oder Netzwerkstrukturen zu entdecken. Der assoziative Austausch der Sichtweisen, bei der die Teilnehmenden in zwangloser Atmosphäre neue Informationen erhalten, ist eine angenehme Lernform. Der anschließende Vergleich der von den Gruppen gelegten Strukturen kann als Rückmeldung für die eigene Lösung interessant sein.

Freies Assoziieren ist in dieser Aufgabe mit einer (Spiel-)Regel verbunden und löst einen „Kreuzworträtseleffekt" aus. Dadurch, dass Regeln Einschränkungen in den Kombinationsmöglichkeiten bedeuten, schaffen sie Herausforderungen und regen unmittelbar an. Es ist nicht besonders aufregend, Begriffe zu einem Thema zu sammeln – aber die Aufgabe, zum vorgegebenen Thema einen Begriff mit dem Anfangsbuchstaben „D" zu nennen, löst sofort Nachdenken aus.

3.3.4 Wissen zusammentragen

Wenn Teilnehmende ein Modell oder ein Schema kennenlernen sollen, kann man zu folgender Methode greifen.

AKTION

Archäologenkongress

Für die eigenständige Erarbeitung von Modellen hat sich die Methode *Archäologenkongress* bewährt. Vorbereitend wird ein beschreibender Text zum gewünschten Thema aus einem Lehrbuch herauskopiert und der Text so zerschnitten, dass er in mehrere Teilbeschreibungen unterteilt ist.

Die Teilnehmenden werden in „Entdeckerteams" (Kleingruppen) eingeteilt. Jedes Team erhält eine komplette Beschreibung, die in Form der Teilbeschreibungen auf die Mitglieder verteilt wird. Jedes Mitglied erhält also einen anderen Ausschnitt aus der Beschreibung des Modells. Ausgerüstet mit diesen „Relikten" soll jedes Team das „verlorengegangene" Wissen rekonstruieren. Dafür haben die Teams 60 Minuten Zeit. Im Anschluss tritt der Archäologenkongress zusammen. Die Ergebnisse werden jedoch nicht referiert: Bei parallel am gleichen Thema arbeitenden Gruppen wäre das zu langweilig. Die Teams visualisieren ihre Ergebnisse. Es sind nur Modellzeichnungen, Mind-Maps, Skizzen o.Ä. zugelassen. Ein Gruppenmitglied bleibt für Fragen neben dem aufgehängten Flipchart stehen. Die anderen gehen umher, betrachten die Ergebnisse und fragen nach. Um die Visualisierungen mit hoher Aussagekraft gestalten zu können, müssen die Teams vorher wissen, dass die visualisierten Ergebnisse weitgehend für sich sprechen sollen.

Der spielerische Ansatz der Methode, zu der eine entsprechende Ankündigung gehört, soll Neugier wecken. Entdeckendes Lernen geschieht hier nach dem Puzzle-Prinzip. Durch das eigenständige Vorgehen wird der individuelle Zugang zum Lernstoff erleichtert. Die Selbstständigkeit beim Vorgehen stärkt das Vertrauen in die eigene Lernkompetenz. Die übernommene Selbstverantwortung wirkt sich verstärkend auf die Lernmotivation aus.

3.3.5 Wissen aus der Gruppe generieren

Das bisher erarbeitete Wissen soll stärker mit der Praxis verbunden und vertieft werden. Verschiedene Gruppenmitglieder haben eigene praktische Erfahrungen oder ein gutes Wissen auf Teilgebieten, das genutzt werden könnte.

AKTION

Expertenrunde

Stellt die Kursleitung fest, dass einzelne Teilnehmende über ein spezielles Wissen (z.B. in Fragen der Konzernrechnungslegung und der Abwicklung und Verbuchung von Exportgeschäften) verfügen, kann sie diesen Fundus an praktischen Erfahrungen für die gesamte Gruppe nutzen. Damit die Experten in dieser herausgehobenen Rolle Akzeptanz finden, sollte man zunächst klären, ob die Gruppe diesem Vorgehen zustimmt. Dies kann in einem kurzen Gespräch mit den anderen Gruppenmitgliedern während der Pause geschehen.

Zu jedem der zu zu eruierenden Wissenskomplexe ordnen sich einige Lernende zu. Sie haben ca. zehn Minuten Zeit, gezielte Fragen vorzubereiten. Die Experten bereiten sich ebenfalls vor – allein oder, wenn sie zu zweit für ein Thema stehen, zusammen. Anschließend erfolgen nacheinander die Expertenbefragungen vor der Gesamtgruppe. Zwischendurch gibt es Raum für Diskussion und ggf. für die Unterstützung durch die Kursleitung. Wichtige Informationen werden dabei möglichst visualisiert.

Anwendungs- und Umsetzungsbeispiele motivieren durch praktischen Nutzen und Transfermöglichkeiten. Die zu entwickelnden Fragen bieten Gelegenheit, auf die eigenen Interessen oder Wissenslücken beim Thema zu fokussieren. Die Form der Wissensvermittlung bringt Abwechslung und weckt Interesse. Zusätzlich ist die erhaltene Anerkennung für die Berichterstattenden motivierend.

Als wichtige Motivationskraft hat sich die *Selbstwirksamkeitsüberzeugung* erwiesen, d.h. der Glaube an die eigenen Fähigkeiten. Sie wird durch eigenständiges Lernen, durch sich selbst zugeschriebene Erfolgserlebnisse, aber auch durch frühzeitiges Üben und Festigen des Gelernten gestärkt. So entsteht die Sicherheit, das Gelernte anwenden zu können. Damit wächst die Erfolgszuversicht. Mit diesem dazugewonnenen Selbstvertrauen kann das eigene Anspruchsniveau – und damit die Leistungsmotivation – weiter steigen.

3.3.6 Wissen spielerisch festigen

Die Teilnehmenden sollen das Gelernte wiederholen und festigen. Spielerische Methoden entfalten ihre besondere Stärke beim Wiederholen und Üben des Lernstoffs.

AKTION

Rallye

Vor allem zu späterer Stunde nimmt die Konzentration in der Gruppe oft ab. An einem solchen Punkt könnte eine *Rallye* wieder Schwung in die Gruppe bringen. Die Teilnehmenden werden in zwei Mannschaften aufgeteilt, die gegeneinander antreten.

In jeder Mannschaft finden sich die Mitglieder zu Paaren zusammen. Jeweils einer Person jeden Paares werden die Augen verbunden; die andere führt sie durch den Parcours. Dabei dürfen die Geführten nicht sprechen. Der Parcours besteht aus am Boden liegenden Moderationskarten, die als Spielfelder dienen, aus Stühlen, auf denen in bestimmter Weise Platz zu nehmen ist und Tischen, die umgangen werden müssen u.Ä.

Nach jeder bewältigten Hürde des Parcours' müssen die Spielpaare eine vorbereitete Frage nach Art einer Prüfungsfrage beantworten. Jetzt dürfen die beiden sich kurz abstimmen und dann antworten. Jede richtig beantwortete Frage bringt einen Punkt. Sind alle Paare beider Mannschaften im Ziel, werden Punkte gezählt. Die Mannschaft mit den meisten Punkten gewinnt.

Bewegung vertreibt Müdigkeit und steigert die Aufnahmefähigkeit. Spiele wecken die Neugier; Wettbewerbssituationen schaffen Herausforderungen und lösen einen weiteren Motivationsschub aus. Der ungewöhnliche Kontext hilft zusätzlich, Wissen zu verankern.

WISSENSWERT

Bewegung hilft dem Gedächtnis

Verschiedene Testgruppen erhielten die Aufgabe, sich die Informationen auf einem Lernposter zu merken. Eine Gruppe erhielt die Anweisung, dabei vor dem Poster auf und ab zu gehen. Andere Gruppen sollten vorwiegend still sitzen. Am Ende hat die Gruppe am besten abgeschnitten, die vor dem Poster auf und ab gehen sollte (Birkenbihl 2004).

Die in Checkliste 7 aufgeführten Kriterien dienen als Unterstützung bei der Methodenauswahl.

CHECKLISTE 7

Kriterien des Methodeneinsatzes

Methoden sollten folgende Prozesse unterstützen:

- ☐ Lernbereitschaft,
- ☐ Eigeninitiative,
- ☐ Dialog und Austausch,
- ☐ Selbstreflexion,
- ☐ Perspektivwechsel,
- ☐ Selbstorganisation des Lernprozesses und
- ☐ Transfer in die Praxis.

FAZIT

Am besten lernen Menschen mit ihrer intrinsischen Motivation, d.h. aufgrund ihres eigenen, inneren Antriebs. Seminarleitende, die wissen, wie sie diese Motivation ansprechen, achten auf ein unterstützendes Gruppenklima und initiieren Kooperation. Sie fördern die Leistungsmotivation ihrer Teilnehmenden, indem sie Neugier wecken und die neuen Informationen so aufbereiten, dass diese an das Wissen der Gruppenmitglieder anschließen. Auf extrinsische Motivation – „Zuckerbrot und Peitsche" – können sie in der Erwachsenenbildung ohnehin nicht setzen.

- Durch eine geeignete Aufgabenstellung können Leitende die Entfaltung von Kooperation einleiten.
- Leistungsmotivation kann durch individuelles Feedback gefördert werden.
- Die Autonomie der Lernenden sollte beachtet werden; zu diesem Zweck sollte die Kursleitung Wahlmöglichkeiten schaffen.
- Neues sollte mit Vorwissen verknüpft werden, um die Teilnehmenden auf das Thema neugierig zu machen und sie auf diese Weise zu motivieren.
- Selbsttätiges Lernen fördert die Selbstwirksamkeitsüberzeugung und führt zu verstärkter Motivation.

4. Provokationen begegnen

4.1 Der Konflikt

In schwierigen Situationen ist es wichtig, dass Kursleitende das Geschehen reflektieren und angemessen (re-)agieren.

BEISPIEL

Wir befinden uns in einem Französisch-Kurs. Es ist eine Abendveranstaltung, die jeden Dienstagabend stattfindet. Soeben hat der dritte Abend begonnen. Die Leiterin Mareille Maligne gibt gerade einen Überblick über den geplanten Ablauf des Abends. Ein Teilnehmer, Mitte dreißig, smarter Typ, unterbricht sie:

„Ihr Unterricht ist entsetzlich langweilig!"

Die Kursleiterin nimmt die Situation wie folgt wahr: Der Teilnehmer hat seinen Einwand im Tonfall „ganz der Oberlehrer" und mit gequältem Gesichtsausdruck vorgebracht. Donnerwetter, denkt sie, das saß – gefühlte Temperatur minus 60 Grad. Damit hatte sie nicht gerechnet. Aber sie ist gewappnet und weist ihn in seine Schranken. Mit fester Stimme und leicht ironischem Unterton erwidert sie:

„Das war daneben Herr Motz, versuchen Sie´s noch mal!"

Diese Reaktion der Kursleiterin ist nicht empfehlenswert. Um in einer solchen Situation adäquat reagieren zu können, ist es nützlich, den Hintergrund zu verstehen, vor dem das Verhalten des Teilnehmers entstanden ist. Es ist zu fragen: Wie hat sich die Gruppendynamik entwickelt? Welche Verhaltensweisen haben sich bislang eingespielt? Hätte die Kursleiterin die Entwicklungsdynamik ihrer Gruppe besser eingeschätzt, so wäre sie vielleicht milder gestimmt und gelassener geblieben, statt sich zu einem Gegenangriff provozieren zu lassen.

Dieser Kurs kam am dritten Abend aus dem Anfangsstadium der „Friedhöflichkeit" in eine neue Phase. Der Beginn war von gegenseitigem Respekt und Zurückhaltung gekennzeichnet. Alle Anwesenden wollten ihre „gute Kinderstube" beweisen, anderen den Vortritt lassen. Toleranz war an der

Tagesordnung, weil noch Scheu vor Konflikten herrschte. Langsam hatte die Vertrautheit zugenommen und die Bedürfnisse der Teilnehmenden veränderten sich. Nicht mehr der Ausweis guter Manieren stand im Vordergrund des Verhaltens, sondern der Wunsch Einzelner, Ansehen und Einfluss zu genießen. Deshalb ist diese Entwicklungsetappe der Gruppe mit „Gärung und Klärung" treffend beschrieben. Da Einfluss nicht mit vorauseilender Zustimmung zu gewinnen ist, wandelt sich auch die Stimmung in der Gruppe. Jetzt geht es darum, eine den eigenen Vorstellungen entsprechende Rolle in der Gruppe zu erobern. Für Einzelne bedeutet dies, sich gegen die Kursleitung oder gegen andere Gruppenmitglieder zu profilieren und so vermeintlich Respekt zu gewinnen, der sich als Einfluss auf das Geschehen umsetzen lässt.

Nachdem die ersten Sicherheitsbedürfnisse befriedigt sind, weil die Teilnehmenden Orientierung gewonnen haben (→ Kap. 2), treten ihre eigenen Belange stärker in den Vordergrund. Ihre Interessen sind größtenteils mit dem Lernprozess verbunden. Fast alle wünschen sich einen großen Anteil an Praxisbezug im Kurs. Das kann allerdings für jede Person etwas anderes bedeuten. Etliche empfinden z.B. Rollenspiele als ideale Lernform, weil sie die lebensnahe Situation nachbilden oder weil sie ihnen Spaß machen. Bei anderen weckt es Versagensängste, wenn sie sich im Rollenspiel exponieren sollen. Für sie bedeutet Praxisbezug im vorangestellten Beispiel, auf Französisch das richtige Essen bestellen zu können. Einige Teilnehmende versuchen, aktiv Einfluss auf den Lernprozess zu nehmen; andere sind davon überzeugt, dass die Leiterin am besten weiß, was gut für die Gruppe ist. Auf jeden Fall haben die meisten Teilnehmenden ihre eigenen Vorstellungen vom Unterricht und würden diese gern verwirklicht sehen.

Neben am Lernen orientierten Interessen gibt es auch solche, die der Persönlichkeitsstruktur des Individuums entspringen (→ Kap. 8.2.3). Manche stehen gern im Mittelpunkt. Sie reden viel und zeigen ihr Wissen (oder das, was sie dafür halten). Manch einer passt sich den Wünschen der Kursleitung ohne Weiteres an – aus Einsicht in die pädagogische Kompetenz der Leiterin oder weil er hofft, auf diese Weise die gewünschte Anerkennung zu bekommen.

Darüber hinaus stellen sich Fragen des Umgangs miteinander. Sie müssen einvernehmlich gelöst werden, damit die Teilnehmenden zu einer arbeitsfähigen Gruppe zusammenwachsen können. Dies geht von Absprachen zur Pünktlichkeit über Auffassungen vom Grad der Verbindlichkeit bis hin zu anderen Regeln, wie beispielsweise der Frage, ob erwartet wird, sich zu Wort zu melden. Alle bringen dabei unreflektiert ihre eigenen Vorstellungen von der Zusammenarbeit ein. So ist es für die meisten Menschen üblich, im Verlaufe eines Kurses immer wieder den gleichen Sitzplatz zu beanspruchen – und wehe, jemand anderes besitzt die Dreistigkeit, sich auf den angestammten Platz zu setzen. Schon entsteht Irritation.

Nach und nach passen sich die Umgangsformen der einzelnen Teilnehmenden aneinander an. So wird beispielsweise die Art und Weise der Begrüßung ähnlicher. Zuerst festigen sich die formellen Regeln, die kommuniziert werden: Werden Entschuldigungen erwartet? Welche Anredeformen werden benutzt? Sukzessive bilden sich dann auch informelle Muster heraus, z.B. wie viel Selbstdarstellung in dieser Gruppe toleriert oder nötig ist, um akzeptiert zu werden und andere, von Werten beeinflusste Verhaltensweisen. Es kristallisieren sich auch Tabuthemen heraus, wie etwa Arbeitslosigkeit oder Einkommensverhältnisse. Erst mit wachsendem Vertrauen werden solche Themen gesprächsfähig, und möglicherweise entstehen andere Themen, die vermieden werden. In dem Maße, wie die Gruppe ihre eigene Identität entwickelt, entwickelt sich die Möglichkeit eines Zugehörigkeitsgefühls für die Teilnehmenden.

Erst die Gruppe mit ihren gemeinsamen Zielen und ihrer Abgrenzung nach außen schafft die Voraussetzung für jeden Einzelnen, Zugehörigkeitsgefühl zu entwickeln. Zusammengefasst lässt sich feststellen:

ÜBERSICHT

Ringen um Einfluss

Teilnehmende ringen vor allem dann um mehr Einfluss auf das Gruppengeschehen, wenn folgende Punkte zutreffen:

- Es gibt unterschiedliche Lern- und Verhaltensstile.
- Die Ordnungs- und Verhaltensvorstellungen sind unterschiedlich. Dadurch entstehen Widersprüche und Gegensätze, die bei der Vereinheitlichung gemeinsame Regeln entstehen lassen.

- Es bestehen individuelle Ansichten von der eigenen Rolle in der Gruppe.
- Nach subjektivem Empfinden gibt es hat die Kursleitung zu viel oder zu wenig Autorität, wodurch sich die Teilnehmenden herausgefordert fühlen.

Am dritten oder vierten Abend des Kurses im genannten Beispiel hat sich ein Energie- und Konfliktpotenzial angesammelt, das in einer lebendigeren und konkurrenzorientierteren Stimmung zum Ausdruck kommt. Die Suche der Teilnehmenden nach ihrer Rolle in der Gruppe ist nun nicht zu überhören, wie an den intensiveren Pausengesprächen zu beobachten ist. Das Selbstbewusstsein der Teilnehmenden ist gestiegen und damit auch die Konfliktbereitschaft. Das Zusammensein wird insgesamt kritischer betrachtet und die zu Beginn als „übermächtig“ wahrgenommene Leitung wird infrage gestellt. Die Lernenden bemühen sich um Anerkennung von anderen Gruppenmitgliedern. Für einige bedeutet das, ihre Dominanz, die sie in anderen Situationen ausleben, auch in diese einzubringen.

Manche fragen sich, ob die Kursleiterin hinreichend kompetent ist, um effektives Lernen zu ermöglichen. Schließlich ist es nicht wenig Zeit, die investiert werden muss, und die Abende oder Wochenenden sind für die Beteiligten oft kostbar. Also liegt es nahe, zu prüfen, ob es sich überhaupt lohnt, sich auf die Gruppe und den Lernprozess einzulassen.

Aber nicht nur bezogen auf die Fachkompetenz wird die Kursleiterin jetzt getestet. Die Gruppe interessiert sich dafür, ob sie in der Lage ist, sich durchzusetzen und ein schutzbietendes Lernklima zu schaffen. Die Teilnehmenden stellen sich die Frage, ob und wie sie in der Lage ist, die Beziehungen zu ihnen wertschätzend und motivierend zu gestalten. Personennahe Themen werfen durch ihren von persönlichen Herausforderungen geprägten Inhalt eine weitere Frage auf: „Wie authentisch ist die Kursleiterin eigentlich?“

Es ist wahrscheinlich, dass die Gruppenmitglieder der Kursleiterin in verschiedener Hinsicht „auf den Zahn fühlen“. Provokationen sind in dieser zweiten Phase des Sich-aufeinander-Einlassens daher als ein Phänomen der Gruppendynamik zu betrachten. Mit diesem Wissen fällt es nun vielleicht leichter, dem kritischen Frager „mildernde Umstände“ zuzugestehen. Seine Neigung zu kritischen Übertreibungen fällt in dieser Situation auf fruchtbaren Boden. Auseinandersetzungen mit anderen Anwesenden können thematisiert werden. Die Gruppe setzt nun stärker die Rollenklärung der Einzelnen auf die Tagesordnung.

Die Kursleitende kann dies als willkommene Chance sehen, ihre eigene Rolle zu verdeutlichen. Sie kann ein Beispiel dafür geben, wie ein souveräner, konfliktklärender und trotz allen Belastungen wertschätzender Umgang mit den Teilnehmenden aussieht. Der Kritiker bietet der Kursleitung mit seiner Provokation die Chance, ihre Leitungsrolle zu stärken und das Zusammengehörigkeitsgefühl der Gruppe zu fördern. Er gibt ihr die Möglichkeit, zu demonstrieren, wie ein produktiver Umgang miteinander – bei gleichzeitiger Wahrung der eigenen Grenzen und Vertretung der eigenen Interessen – möglich ist. So kann gezeigt werden, dass künftige Konflikte willkommen sind und wie diese sachlich ausgetragen werden können.

Bei Angriffen auf die eigene Person sollte man Folgendes bedenken: Es ist möglich, dass in der Anspannung, unter der die Teilnehmenden stehen, manche Äußerung wie eine gezielte Abwertung klingt oder so gedeutet wird, obwohl sie lediglich eine undiplomatisch ausgedrückte Unzufriedenheit ausdruckt. In solchen Situationen entsteht bei den Beteiligten schnell das Gefühl, dies seien persönliche Angriffe. Schnell verengt sich der Fokus auf die Wahrnehmung, dass es um Bewertung, namlich um „richtig" oder „falsch" geht. So steigen Leitende schnell in ein Machtspiel ein, um die eigenen Vorstellungen als die besseren durchzusetzen.

Die typische Reaktion in einem solchen Konflikt ist nun, aus Angst vor der Niederlage siegen zu wollen. Hier ist die Fähigkeit gefordert, eine gewisse Distanz einzunehmen und die Perspektive des nicht in die Konfrontation verstrickten Teils der Gruppe einzunehmen. Auf diese Weise kann die Fähigkeit erhalten bleiben, wertschätzend statt abwertend zu reagieren. Gerade mit der Perspektive des Unbeteiligten kann auch geprüft werden, ob nicht doch – im Interesse des Lernklimas – die durch den Teilnehmer ausgesprochene Geringschätzung als nicht akzeptabel zurückgewiesen werden muss.

4.2 Lösungsstrategien

Kursleitende können den Prozess des Zusammenwachsens unterstützen, indem sie die Bedürfnisse der Lernenden in den einzelnen Phasen akzeptieren und unterstützen. Damit sorgen sie dafür, dass die Gruppe schneller in ihre produktivste Phase kommt. Indem man z.B. danach fragt, ob die Teilnehmenden etwas von fehlenden Personen gehört haben, zeigt man Interesse an der Anwesenheit jedes Einzelnen, demonstriert dessen Zugehörigkeit zur Gruppe und appelliert an die Verantwortlichkeit für den gemeinsamen Lernprozess. Für wichtige pädagogischen Fragen, etwa wie mit Fehlern von Teilnehmenden bei Übungen umgegangen wird, kann man Maßstäbe setzen (➔ Kap. 3.1.5). Man hat die Chance, die wichtigen Prinzipien zu kommunizieren. So können bei Bedarf Feedback-Regeln verabredet werden oder, wenn nötig, Vereinbarungen zu Rahmenbedingungen und formellen Regeln getroffen werden. In Konfliktsituationen ist es dann leichter, sich auf diese gemeinsam vereinbarten Regeln zu berufen und diese einzufordern.

Ein weiterer Beitrag zur Entwicklung des Zusammengehörigkeitsgefühls ist die Einführung von Ritualen. Ein kurzes *Blitzlicht* (➔ Kap. 5.2.1) zu Beginn oder Ende der Veranstaltung schafft Transparenz über die Stimmung in der Gruppe und lenkt so auch einen Aufmerksamkeitsfokus auf das Gruppenklima.

Der Kursleitende sollte auch die eigene Vorbildrolle nutzen, d.h. mit seiner Haltung möglichst das vorleben und vorgeben, was man sich für die Gruppe wünscht. In dieser Vorbildrolle liegt die größte Chance, ein Gruppenklima zu schaffen, in dem sich die Teilnehmenden wohlfühlen und in dem das Lernen Spaß macht. So lässt sich auf autoritäres Verhalten – allerdings keinesfalls auf Autorität – verzichten.

Kursleitenden, die ihre Autorität für die Entwicklung der Gruppe in die Waagschale werfen, gelingt es schneller, aus der mehr oder weniger zufälligen Ansammlung von Menschen eine produktive Lerngruppe zu entwickeln. Autorität kann nämlich auch eingesetzt werden, um Verhaltenssicherheit zu schaffen. Erst wenn sich Regeln herausgebildet haben, Rollen geklärt sind und alle ihren Platz gefunden haben, beginnt die produktive Phase des Lernens. Deshalb sollte man in dieser Anfangsphase nicht nur konfliktbereit sein, sondern fast ebenso intensiv wie zu Beginn des Kurses die Leitungsrolle wahrnehmen und den Prozess aktiv steuern.

In Konflikten reagieren die Beteiligten in der Regel spontan. Rechtfertigungen und Gegenangriffe sind hierbei typische Formen. Die konstruktiven Reaktionen auf Herausforderungen – wie „Ihr Unterricht ist entsetzlich langweilig“ – lassen sich in drei typische Verhaltensweisen einordnen:

1. Der Leitende signalisiert Verständnis für die Bedürfnisse des anderen: „Ich verstehe: Sie ärgern sich, weil Sie zu kurz kommen.“
2. Der Leitende setzt Grenzen: „Mit mir nicht, mein Lieber!“ Die angegriffene Person verteidigt ihre Bedürfnisse und drückt klar aus: Hier geht es auch um meine Interessen.
3. Der Leitende versachlicht den Konflikt; Interessen werden ausgehandelt.

Im Konflikt ergeben sich so drei Positionen, für die drei Interventionstechniken passend sind (Lahninger 2000). Jede dieser Techniken zeigt eine Reaktionsmöglichkeit auf; manchmal ist eine Kombination verschiedener Techniken sinnvoll. Die folgenden drei Verhaltensmuster, auf die in den nächsten Unterkapiteln genauer eingegangen werden soll, haben sich als Reaktion auf tatsächliche oder vermeintliche Angriffe bewährt.

ÜBERSICHT

Bewährte Verhaltensmuster bei Angriffen

Einfühlung zeigen

Im Mittelpunkt der Antwort steht das Verständnis für das Gegenüber. Die Leitung zeigt Einfühlung für das Problem des anderen (→ 4.2.1).

Sich abgrenzen

Die Kursleitung sagt deutlich, dass es hier auch um die eigenen Bedürfnisse geht. Sie grenzt sich gegen die Position des anderen ab (→ 4.2.2).

Den Dialog versachlichen

Eine Problemlösung wird ausgehandelt. Der Dialog wird versachlicht (→ 4.2.3).

4.2.1 Einfühlung zeigen

Einfühlung zeigen heißt, die „Sprache der Annahme“ zu sprechen und Verständnis in Worten, Tonfall oder Haltung auszudrücken. Das gelingt umso besser, je leichter es fällt, das Gegenüber mit seinem Verhalten tatsächlich so zu akzeptieren wie es ist, statt es ändern zu wollen. Zu spüren, als Person akzeptiert zu werden, minimiert das Bedrohungsgefühl; wer sich verstanden fühlt, ist auch selbst viel eher dazu bereit, sich in die Lage des Gegenübers zu versetzen.

Eine wichtige Voraussetzung für eine einfühlsame Antwort ist, bei sich selbst zu erspüren, wie die eigene innerliche Reaktionsweise auf den Angriff ausfällt. Folgende Fragen helfen dabei:

- „Wie ist mir zu Mute, wenn ich diese Vorwürfe höre?“
- „Empfinde ich nur Ärger oder kann ich auch Verständnis für die Äußerungen aufbringen?“
- „Kann ich es wertschätzen, dass hier jemand seine Meinung klar vorgebracht hat, statt sich schweigend zu ärgern?“

Um einfühlsam reagieren zu können, könnte die kritisierte Kursleitung beispielsweise bewusst denken: „Eigentlich ziemlich arrogant diese Art, aber oft steckt ja bekanntlich viel Unsicherheit dahinter. Ich will ihm das diesmal noch einmal durchgehen lassen.“ Mit dieser Denkweise kann auch dem Teilnehmenden gegenüber, dem der Unterricht zu „langweilig“ ist, eine verständnisvolle Position eingenommen werden.

BEISPIEL

Die Kursleitende kann die Situation auffangen, indem sie zunächst sagt: „Sie wissen also schon das meiste von dem, was wir hier behandeln, und werden nun ungeduldig."

Wenn man sich konsequent auf die Seite des „Angreifers" stellen will, kann es sinnvoll sein, nach dessen Bedürfnissen zu fragen: „Wenn es nur nach Ihnen ginge, was würden Sie sich denn wünschen?"

Diese Formulierung deutet an, dass es ein Anliegen ist, auf den Wunsch des anderen einzugehen – wenn es das pädagogische Konzept und die berechtigten Interessen der anderen erlauben. Ein solches Verhalten führt, teilnahmsvoll vorgetragen, zu einem konstruktiven Dialog zurück, weil das Gegenüber in die Verantwortung für die Situation mit einbezogen wird.

Statt noch stärker auf die herausfordernde Person einzugehen, kann es auch richtig sein zu zeigen, dass die provozierende Art des Gegenübers zwar angekommen ist, aber im Interesse der Zusammenarbeit nicht Gleiches mit Gleichem vergolten werden soll. Daher empfiehlt es sich, unhöflich vorgetragene Bemerkungen zu „quittieren", d.h. dem Teilnehmenden zu zeigen, dass neben dem Sachanliegen auch die Unhöflichkeit gehört wurde, aber dass jetzt eine Konzentration auf eine sachliche Lösung beabsichtigt ist: „Ihr Ton gefällt mich zwar nicht, doch ich glaube, ich kann Sie verstehen: Sie wissen schon das meiste von dem, was wir hier behandeln und werden nun ungeduldig."

Manchmal kann es passieren, dass man zu großes Verständnis für das Gegenüber entwickelt, besonders wenn die Anschuldigungen nicht offen aggressiv, sondern als Enttäuschung vorgetragen werden. Die eigene Position gerät außer Sicht, und bei dem Versuch, sich in die Situation des Gegenübers möglichst intensiv einzufühlen, springt das „Helfersyndrom" an: Man folgt dem Impuls, es dem anderen Recht zu machen. Gerade derjenige, der sich vor allem als gute Dienstleister für seine Teilnehmenden verstehen, ist durch solche Überlegungen gefährdet. In heiklen Situationen riskiert man es, den eigenen Standpunkt nicht mehr wirksam vertreten zu können und damit an Autorität zu verlieren. Hier ist Augenmaß für beide Positionen geboten. Die eigenen Interessen sind legitim und müssen in konfrontativen Situationen verteidigt werden, um nicht in der Debatte unterzugehen. Es ist ein wichtiges Merkmal emotionaler Kompetenz, die Balance zwischen der Reaktion auf die Betroffenheit des Gegenüber und der eigenen Betroffenheit zu finden.

Wenn das Gefühl besteht, es handle sich um einen Test in Bezug auf die Standhaftigkeit der Leitung (wie im Beispiel), so ist es wichtig, die eingeforderte Souveränität auch zu zeigen. Man sollte in dieser Situation nicht klein beigeben und stattdessen eindeutig reagieren: Die Antwort darf auf keinen Fall für ein Ausweichen gehalten werden. Eine zu einfühlende Antwort bei aggressiven Fragen kann als Unsicherheit interpretiert werden und dazu ermutigen, die Leitung in eine Opferposition zu drängen.

4.2.2 Sich abgrenzen

Es kann passieren, dass die Kursleitung wütend wird, wenn sie in das als herablassend wahrgenommene Gesicht blickt, und dabei nicht in Rechnung stellt, eventuell einer Projektion ausgeliefert zu sein (→ Kap. 2.3). Bei sehr starker Verärgerung ist nicht Einfühlung, sondern Abgrenzung notwendig. Es ergibt auch deshalb Sinn, sich abzugrenzen, weil es die angemessenste Form der Auseinandersetzung ist, wenn Aggressionen im Spiel sind oder wenn die Autorität der Leitungsrolle in Frage gestellt wird.

Eine Antwort auf die Provokation könnte deshalb so lauten: „Ich finde es nicht in Ordnung, dass Sie mich unterbrechen. Ich gebe gerade einen Überblick. Sie wissen doch noch nicht, was auf Sie zukommen wird. Anschließend können Sie gern Stellung dazu beziehen. Bitte gedulden Sie sich so lange, bis ich fertig bin."

Ein freundlicher und trotzdem bestimmter Ton unterstützt das Entstehen einer *kognitiven Dissonanz*, d.h. das Entstehen eines inneren Zwiespalts beim Kritiker zwischen dem Wunsch, der Entgegnung dem Kursleitenden zu widersprechen, und dem Wunsch einzulenken, weil eine freundlich vorgebrachte Antwort zur Kooperation verführt und den Rückzug ermöglicht. Es kann entscheidend zur Konfliktentschärfung beitragen, dem Angreifer Raum für den Rückzug zu lassen.

Achtung: Vor dem Versuch, einfühlsam zu antworten, wenn der Ärger die Oberhand hat, muss gewarnt werden. Es besteht die Gefahr, dass die Erwiderung scheinheilig wirkt.

Eine andere Form, das Verhalten des Kritisierenden zurückzuweisen, ist eine viel entschiedenere Grenzsetzung: „Dazu möchte ich zwei Dinge feststellen. Erstens, Ihr Ton gefällt mich nicht. Ich finde Ihre Art ausgesprochen unhöflich. So möchte ich nicht mit mir reden lassen. Zweitens, ich bin gerade dabei, einen Überblick zu geben. Sie wissen doch noch gar nicht, wie es weitergeht. Warten Sie doch bitte erst mal ab."

Wenn Personen durch aggressive Äußerungen abgewertet werden, sollte schon wegen des damit verbundenen Einflusses auf das Lernklima geprüft werden, ob nicht sofort eingeschritten werden muss.

Achtung: Als Abgrenzung weniger geeignet ist eine konsequente Selbstkundgabe wie: „Ihre Art kränkt mich." Diese reine (Ich-)Botschaft macht sehr verletzlich. Eine nicht ganz so klare Selbstkundgabe, wie sie im obigen Beispiel angeführt wurde, bringt größeren Selbstschutz.

4.2.3 Den Dialog versachlichen

Bei der dritten Möglichkeit, die *zwischen* Einfühlung und Abgrenzung liegt, werden am wenigsten Emotionen angesprochen. Die Situation soll versachlicht und die unterschiedlichen Interessen sollen ausgehandelt werden. Für eine deeskalierende Reaktion auf die Konfrontation kann es nützlich sein, Grobheiten konstruktiv umzudeuten.

Aus „Ihr Unterricht ist langweilig“ wird die stillschweigende Annahme, andere langweilten sich auch: „Nun, Sie wissen natürlich am besten, wie Sie sich fühlen. Ob es den anderen genauso geht oder ob sie dieses bedächtige Vorgehen nicht sogar schätzen, wissen wir im Augenblick beide nicht. Wenn ich mich nicht täusche, habe ich bei Ihnen viel Ungeduld gehört. Wem geht es denn noch so?“ Dies ist ein konstruktiver Versuch zu erfahren, was die anderen Teilnehmenden in diesem Moment empfinden, um deren Bedürfnisse berücksichtigen zu können.

Für den Angreifenden isolierend wäre die Frage an die Gruppe: „Wer langweilt sich noch?“ Die Wahrscheinlichkeit, dass sich jemand meldet, ist sehr gering, vorausgesetzt, die Leitung hat sich nicht schon Gegner gemacht hat und es herrscht eine offene Unzufriedenheit in der Gruppe.

Geht es allerdings um Meinungsverschiedenheiten auf der Ebene von Regelungen, z.B. über Pausen, verbindliche Arbeitszeiten oder andere Vorgaben, zeigt die Erfahrung, dass Kritiker selten nur für sich, sondern meist auch für andere Teilnehmende sprechen. Leitende können sich auch während des Arbeitsprozesses (z.B. bei Zweifeln über das richtige Lerntempo) Rückmeldung durch die Teilnehmenden holen. Eine geeignete Frage lautet: „Was brauchen Sie jetzt, um gut mitmachen zu können?“

Das Feedback wird zeigen, ob zügiger gearbeitet werden sollte, anders gelernt werden müsste oder ob der Kritiker mit seiner Auffassung alleine dasteht. Sollte ein Großteil der Gruppe die Situation ähnlich wie der Kritiker sehen, wäre es ein Zeichen von Souveränität, darauf einzugehen. Bei einer Veränderung des Konzepts geht kein Prestige verloren, aber die Chance zu effektiverem Unterricht wird eröffnet.

Generell bleibt die Verantwortung in dieser zweiten Gruppenphase noch eindeutig beim Leitenden. Sie entscheidet letztlich aufgrund ihrer pädagogischen und inhaltlichen Kompetenz, wie sie vorgehen will, obwohl sie der Gruppe nun schon etwas mehr Einfluss gewährt als zu Beginn. Die Gruppe wird jetzt in die Formulierung der groben Ziele mit einbezogen, d.h. zu Themen, die noch so allgemein gehalten sind, dass Kompromisse möglich sind. So besteht keine Gefahr, dass wegen des Profilierungsbedürfnisses Einzelner eine längere Debatte nötig wird.

Achtung: Viel Sprengstoff liegt in Alternativfragen wie: „Wollt ihr lieber dies oder jenes?" Schnell kann es dabei passieren, dass sich die Meinungen teilen, verhärten und Arbeitsunfähigkeit droht.

Beim gemeinsamen Klären des Vorgehens kann es sinnvoll sein, das eigene Konzept kurz zu begründen: „Ich richte mich hier nach den Teilnehmenden, für die der Stoff noch neu ist, und möchte Schritt für Schritt vorgehen." Diese moderate Abgrenzung von der Auffassung des Kritikers hat die Chance, Einsicht zu erzeugen und zu belegen, dass die Kursplanung durchdacht ist.

Achtung: Zu lange Rechtfertigungen sollten vermieden werden, da sie den Vortragenden in die Defensive bringen.

4.2.4 Kombinationen

Oft lohnt es sich auch, zwei der dargestellten Interventionsformen auf Angriffe zu kombinieren. Nach geäußertem Verständnis für die Situation des Gegenübers (*Einfühlung*) erfolgt eine klare Darstellung der eigenen Interessen oder Positionen (*Abgrenzung*), oder eine Frage an die Gruppe leitet den Aushandlungsprozess ein (*Versachlichung*). Auch nach einer klaren Botschaft, wie man sich das Verfahren wünscht (*Abgrenzung*), kann diese fragen, welche Bedürfnisse die Teilnehmenden haben (*Versachlichung*), um zu einer gemeinsamen Lösung zu kommen.

Nachdem nun ausführlich wertschätzende Erwiderungen erörtert wurden, bleibt zu fragen, warum eine Antwort wie „Das war daneben Herr Motz, versuchen Sie's noch mal" wenig hilfreich ist. Zugegeben, sie würde den Angreifer in die Schranken weisen. Aber jeder Konflikt, insbesondere zu Beginn eines Gruppenprozesses, ist für die Gruppe ein Prüfstein, der zeigt, wie Konflikte von der Leitung aufgegriffen werden. Wenn mit „Bestrafung" zu rechnen ist, besteht die Gefahr, dass die Teilnehmenden ihre im Lernprozess entstehenden Bedürfnisse nicht offensiv vertreten. So würde man die Chance auf weiteres Feedback und damit die Chance verlieren, besser auf die Teilnehmenden eingehen zu können. Fair ausgetragene Konflikte sind ein gelungenes Beispiel für konstruktive Zusammenarbeit. Das lädt andere ebenfalls zu konstruktivem Verhalten ein und gibt jene Verhaltenssicherheit, die Teilnehmende für das Lernen und das (für den Lernprozess nützliche) Fehlermachen brauchen.

FAZIT

Leitende sollten sich in der zweiten Phase des Gruppenprozesses auf Rangeleien und Rivalitäten zwischen den Gruppenmitglieder einstellen, denn sie gehören zur Rollen- und Positionsfindung.

- Zur Gruppenphase der *Gärung und Klärung* gehört auch, dass Teilnehmende die Kompetenz der Leitenden kritisch hinterfragen.
- Durch die Herausbildung von gemeinsamen Regeln entwickelt sich die Identität als Gruppe und deren Arbeitsfähigkeit.
- Mit dem Verhaltensrepertoire *Einfühlen*, *Abgrenzen* oder *Versachlichen* haben Leitende alle Mittel, Konflikte zu meistern.

→ Anhang 1 enthält eine Übung zu diesem Kapitel.

5. Neue Gruppenmitglieder integrieren

5.1 Der Konflikt

Müssen neue Teilnehmende in eine bereits bestehende Gruppe integriert werden, kann dies eine große Herausforderung für die Kursleitung darstellen. Das folgende Fallbeispiel zeigt mögliche Probleme auf.

BEISPIEL

Kursleiter Jan Jasag hatte sich schon gefreut. Der Englisch-Kurs war wieder voll geworden. Am Ende des letzten Semesters hatte er noch gezittert. Von seinen zwölf Teilnehmenden wollten zwei erklärtermaßen aufhören. Dann hatte das neue Semester angefangen und vierzehn Interessierte kamen zur ersten Kursstunde. Jan war erst froh, dass der Kurs zustande kam, doch das hatte sich nun geändert. Dabei kannte er die Mehrheit der Teilnehmenden schon seit vier Semestern. Es war ein gutes Verhältnis entstanden. Man freute sich, einander zu treffen. Sicherlich war das dem angenehmen Lernklima zu verdanken, dass er mit viel Geduld und Anteilnahme hergestellt hatte.

Jetzt waren fünf neue Teilnehmende hinzugekommen. Da ein anderer Kurs nicht zustande gekommen war, saßen sie nun in seinem Kurs – das machte Probleme: Sie wollten, dass er schneller vorging. Wie im Semesterprogramm angekündigt, sollte das Lehrbuch in diesem Semester abgeschlossen werden. So wären schließlich zwei Lehrbücher durchgearbeitet. Und dann sollte der Aufbaukurs folgen: lockeres Parlieren, wenig Grammatik. Aber ob es mit diesen Teilnehmenden jemals so weit kommen würde? Es herrschte dicke Luft, und der Kursleiter wusste nicht, wie er die Lage entspannen konnte. Was war geschehen?

Zunächst war die Stimmung gut, der Unterricht machte allen Spaß. Sehr schnell wurden allerdings die unterschiedlichen Erwartungen deutlich. Die neuen Gruppenmitglieder kamen aus einem anderen Bezirk. Die weite Anfahrt sollte sich auch deshalb lohnen, weil alle unter Druck waren, beruflich Englisch sprechen zu müssen. So prallten zwei Welten aufeinander. Straffe Ergebnisorientierung auf der einen Seite, eine stärkere Betonung des gemeinsamen Lernerlebnisses auf der anderen. Unterschiedliches Alter, verschiedene Mentalitäten und gegenseitige Verständnisschwierigkeiten taten ein Übriges.

Zu spät merkte er, dass die Ungeduld in Ärger umschlug. Der Vorschlag eines Teilnehmers, doch Hausarbeiten aufzugeben, um schneller voranzukommen, war abgelehnt worden. Zwar zielte dieser Vorschlag in die richtige Richtung, wenn das im Kursprogramm angekündigte Ziel, das Lehrbuch in diesem Semester noch abzuschließen, erreichbar sein sollte, aber gegen den Willen der Mehrheit der Teilnehmenden Hausaufgaben zu verteilen, erschien ihm sinnlos. Als deutlich wurde, dass seine alten Teilnehmenden dagegen waren, unterstütze er den Vorschlag nicht. Als Reaktion auf diese Ablehnung erfolgten versteckte Vorwürfe wie: „Die, die es am meisten nötig hätten, auch mal zuhause was zu machen, sind am faulsten."

Gegensätze entzündeten sich auch an seinen Vorschlägen, wie gelernt werden sollte. Einige nahmen die Spiele zum Einprägen der Vokabeln mit Begeisterung auf, die anderen mit stummer Leidensmiene. Bald aber wurde das gegenseitige Hinweisen auf Fehler wieder eingestellt, nachdem er darum gebeten hatte. Dennoch registrierte er ein gelegentliches Augenrollen oder Stöhnen. Manchmal schien es ihm, als ob keine Seite nachgeben und deshalb auch niemand frustriert wegbleiben wollte. Wenn er daran dachte, dass dies erst der vierte Abend war und noch zehn weitere folgen würden, fand er die Situation äußerst unangenehm.

Wie das Beispiel zeigt, bleiben die Bedingungen, unter denen Gruppen kooperativ und produktiv zusammen arbeiten, nicht auf Dauer bestehen. Wenn die Zusammensetzung einer Gruppe wechselt, wenn neue Mitglieder hinzukommen und andere die Gruppe verlassen, verändert sich das Gruppengefüge. Es wird um ein neues Gleichgewicht der Rollen- und Aufgabenverteilung gerungen. Die Gruppe wiederholt zwangsläufig die erste und zweite Phase des Gruppenprozesses, wenn auch in verkürzter Form.

Der Neustart der Gruppenarbeit fällt hier zusammen mit dem wegen des Semesterendes unterbrochenen, gut eingespielten Arbeits- und Lernprozesses. Weder ist der Neustart so unbelastet, wie wenn die Gruppe völlig neu zusammenkäme, noch kann so weiter gemacht werden wie bisher. Es handelt sich um die Phase des *Reforming*: Die Gruppe muss sich neu formieren, um ihre alte Leistungsfähigkeit wiederzugewinnen.

Im Beispiel hat dieser Prozess der Anpassung der Lerngruppe an die neuen Bedingungen nicht rechtzeitig stattgefunden. Statt am Beginn des Semesters, wenn die alten und neuen Teilnehmenden zusammenkommen, den gemeinsamen inhaltlichen Arbeitsprozess zu begleiten, also gelegentlich die Art und Weise der Zusammenarbeit zu überprüfen, hat der Dozent auf solche Metakommunikation verzichtet. Dadurch konnte angesammelter Ärger nicht bearbeitet werden und es ist zur konfliktgeladenen Situation gekommen.

Die meisten Teilnehmenden empfinden es als belastend, schwierige Dinge zu thematisieren und Ärger anzusprechen. Hinzu kommt die Angst, dass die Klärung missglückt und sich die Situation danach sogar noch verschlimmert. Wenn Teilnehmende allerdings darauf verzichten, für ihre eigene Position zu streiten, signalisieren sie den anderen Akzeptanz. Diese Haltung der Konfliktvermeidung löst Unzufriedenheit bei den Teilnehmenden selbst aus, weil die eigenen Ziele aufgegeben wurden. So kann nicht nur Resignation, sondern auch Entfremdung zwischen den Gruppenmitgliedern entstehen. Das eigene Selbstwertgefühl ist verletzt, was über Projektionen (→ Kap. 2.3) zur Abwertung der Gruppenmitglieder und zu einer Geringschätzung der Gruppe führen kann. Resultat ist dann das Wegbleiben vom Teilnehmenden. Daher muss der Kursleitende nicht nur selbst die Initiative ergreifen, sondern auch dafür sorgen, dass die Teilnehmenden in dieser Situation nicht zu Manövern der Konfliktvermeidung greifen.

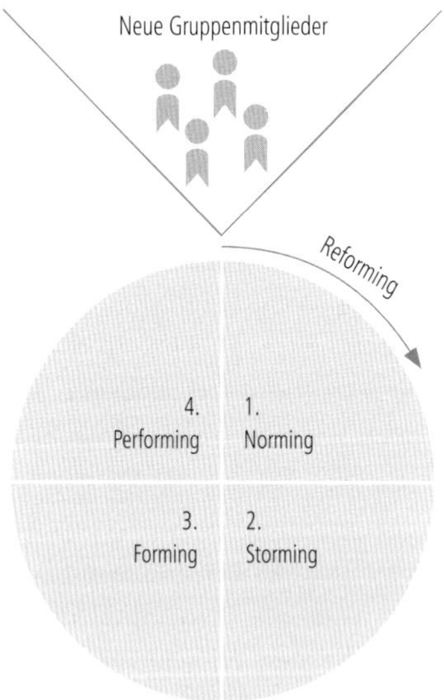

Tuckmans Modell (1965) zeichnet die Schritte von der Start- bis zur Leistungsphase nach. Es beschreibt die Einstiegsphase *(Forming)*, die Phase der Auseinandersetzung *(Storming)*, die Phase, in der sich Regeln herausbilden *(Norming)*, und schließlich die Leistungsphase *(Performing)* der Gruppe.

Für die Situationen, in denen sich Gruppen durch die neue Zusammensetzung ihrer Mitglieder oder völlig neue Ziele verändern müssen, hat Eberhard Stahl dieses Modell erweitert und eine fünfte Phase eingeführt und ausführlich beschrieben: die des *Reforming* (Stahl 2002).

Abbildung 2: Reforming: Das Tuckman-Modell und seine Erweiterung durch Stahl (Quelle: Tuckman 1965/Stahl 2002)

Wie kann es Kursleitenden gelingen, die Interessen beider Lager zu bündeln und auf gemeinsame Ziele hin auszurichten? Wie können die entstandenen Lager aufgelöst und ein Klima der Akzeptanz geschaffen werden? Wie kann die Leitung ihre Autorität stärken, um genügend Durchsetzungskraft für die eigenen Vorschläge zu entwickeln, anstatt zum Spielball zwischen den Fronten zu werden? Im Folgenden werden hierfür Strategien vorgestellt.

5.2 Lösungsstrategien

Die Teilnehmenden sollten ihre gemeinsamen Interessen, wie gemeinsames Vorankommen und Spaß beim Lernen, wiederentdecken. Voraussetzung für einen fruchtbaren Dialog ist das Verständnis der jeweils anderen Interessen und der daraus entspringenden Handlungen. Aus diesem Verständnis heraus kann es möglich werden, die jeweiligen Stärken und Vorzüge der anderen Seite zu entdecken, um Nützliches und Hilfreiches in den Vorstellungen und Ansichten der anderen zu akzeptieren. Schließlich sollte es möglich sein, über die Entwicklung von Kompromissen Ziele zu formulieren, mit denen alle zufrieden sind.

Jetzt sind Methoden gefragt, die beiden Seiten gerecht werden. Der Kursleitende muss seine pädagogische Fachkompetenz in die Waagschale werfen und seine indifferente Haltung ablegen. Auf der Beziehungsebene muss er die Abwertungen stoppen und stattdessen für ein Klima der Anerkennung der jeweiligen Leistungen sorgen. Wenn es in beiden Lagern aktive Wortführer gibt, sollte er mit ihnen jeweils vorab ein Klärungsgespräch führen, um sich ihrer Unterstützung zu vergewissern.

Die Aufgabe eigener zugunsten gemeinsamer Ziele ist dann wahrscheinlich, wenn die eigenen Ziele nicht durchsetzbar erscheinen und mit gemeinsamen Zielen wenigstens ein bestimmter Teil der eigenen Ziele zu retten ist. Druck auf abweichende Positionen – sei es durch den Kursleitenden oder durch die Gruppenmehrheit – veranlasst häufig zum Einlenken.

Aber auch das Gegenteil führt zum Ziel. Die Toleranz wächst, wenn das Handeln der anderen Seite nachvollziehbar wird und auch die Zwänge erspürt werden können, unter denen jemand handelt. Wird zwischenmenschlicher Kontakt so arrangiert, dass die jeweiligen Beweggründe des Handelns der anderen Person als nicht persönlich und angreifend, sondern in der Verfolgung sachlicher Ziele erkennbar werden, wächst Verständnis und hieraus generelle Kompromissbereitschaft. Diese wird noch angesichts begrenzter Zeit und drohender Verschlechterung des Klimas verstärkt. Attraktive und durchdachte Angebote zur weiteren Zusammenarbeit unterstützen den Wunsch der Teilnehmenden, wieder eine positive Lernatmosphäre herzustellen. Weitere Schritte wären, die auf Kooperation drängenden Gruppenmitglieder zu unterstützen und alle Äußerungen und Aktivitäten in diese Richtung zu fördern.

WISSENSWERT

Ein Blick ins Gehirn mit bildgebenden Verfahren zeigt: Bei kooperativem Verhalten springt das Belohnungssystem an und Wohlfühlbotenstoffe werden ausgeschüttet. Damit ist kooperatives Verhalten (...) beim Menschen biologisch angelegt (Spitzer 2007).

Die passive Haltung des Kursleiters im Beispiel ermutigt die Teilnehmenden, selbst eine Entscheidung über den Lernstil zu fällen. Deshalb muss er mehr Verantwortung übernehmen und seine Vorstellungen vom Lernen in dieser Gruppe kommunizieren. Er sollte seine Autorität einsetzen, um bereits verabredete oder zu akzeptierende Regeln durchzusetzen. Bei einigen eine Regelverletzung zu tolerieren, stellt eine Ungleichbehandlung dar, die bei anderen Ärger hervorruft.

Wenn Kursleiter Jan die Neuen erfolgreich in die Gruppe integrieren will, sind folgende Schritte wichtig:

1. Er macht der Stammgruppe zu Beginn des neuen Semesters deutlich, dass mit neuen Teilnehmenden eine neue Phase der Arbeit beginnt.
2. Er unterstützt den Integrationsprozess, wenn er das Positive an der Situation aufzeigt: die neuen Impulse und Anregungen durch die neuen Mitglieder.
3. Er nutzt seine Leitungsautorität, um klare Ziele zu setzen. Die Ziele werden für die alte Gruppe leichter annehmbar, wenn der Leiter sie setzt, als wenn die Neuen das einfordern. Die Ziele sollten sich am

offiziellen Ausschreibungstext orientieren, denn der gibt Unterstützung und eine Richtschur für die Entscheidung.

4. Den neuen Teilnehmenden verdeutlicht er, dass es hier eine eingespielte Gruppe gibt, die von ihnen gewisse Anpassungsleistungen abverlangt.
5. Er mischt die Arbeitsgruppen frühzeitig so, dass Gemeinsamkeiten zwischen allen Beteiligten entdeckt werden können.
6. Schließlich kann er um einen Vertrauensvorschuss für die gemeinsame Zusammenarbeit bitten und für den vierten Abend eine Reflexion der Lern- und Gruppensituation ankündigen.

Einem solch souveränen Leitungsstil liegen spezifische Lösungsstrategien zugrunde, die im Folgenden genauer erläutert werden.

5.2.1 Themenzentrierte Interaktion

Kursleitende müssen sensibel für die Balance zwischen den Polen „Thema“, „Ich“ und „Wir“ sein. Dies erfordert es zu prüfen, ob nicht nach längerem Verweilen bei einem Aspekt ein bewusster Wechsel zu einem anderen erfolgen kann. So sollte nach längerer Sacharbeit bewusst abgeklärt werden, ob alle Teilnehmenden dem Unterricht folgen, ob das Thema noch ergiebig ist usw. Jetzt ist ein guter Zeitpunkt, die Teilnehmenden zum Fragen zu animieren. Damit gibt die Kursleitung dem Einzelnen und seinem spezifischen Lernstil Raum.

Besonders in Krisenmomenten der Gruppenentwicklung brauchen Leitender und Gruppe viel Informationsaustausch über den Prozess der Zusammenarbeit. Hier greift das Prinzip der *Themenzentrierten Interaktion* (TZI) (Cohn 2004). Die Gruppe muss nun im Mittelpunkt stehen, um Konfliktherd und Losungsmöglichkeiten zu reflektieren. Da die TZI heute als unverzichtbarer Wissensbestandteil für Trainer/innen – besonders bei personennahen Seminarthemen – gilt, wird sie im Folgenden genauer dargestellt. Im Anschluss folgt als Beispiel für eine praktische Umsetzung der TZI die Erläuterung der Methode *Blitzlicht*, eine klassische Form der Metakommunikation.

Geschaffen als methodische Arbeitshilfe für die Leitung von Gruppen, zielt die TZI darauf ab, dass die einzelnen Teilnehmenden Verantwortung für sich selbst und das Gruppengeschehen übernehmen. Axiome und Hilfsregeln sollen das konstruktive Verhalten der Gruppenmitglieder unterstützen. Sie können z.B. lauten: „Vertritt Dich selbst in Deinen Aussagen. Sage ‚Ich' und nicht ‚wir' oder ‚man'." Die Beachtung solcher Regeln erleichtert die Kommunikation und beugt Missverständnissen und aggressivem oder intolerantem Verhalten vor.

So beinhaltet das TZI-Konzept eine Synthese aus Persönlichkeitsentwicklung und Sachlernen. Es wird der Versuch unternommen, die Einseitigkeit von ausschließlich kognitiv oder leitungszentriert gesteuertem Lernen zu überwinden und Gruppenprozesse so zu gestalten, so dass auch persönliche Weiterentwicklung gefördert wird.

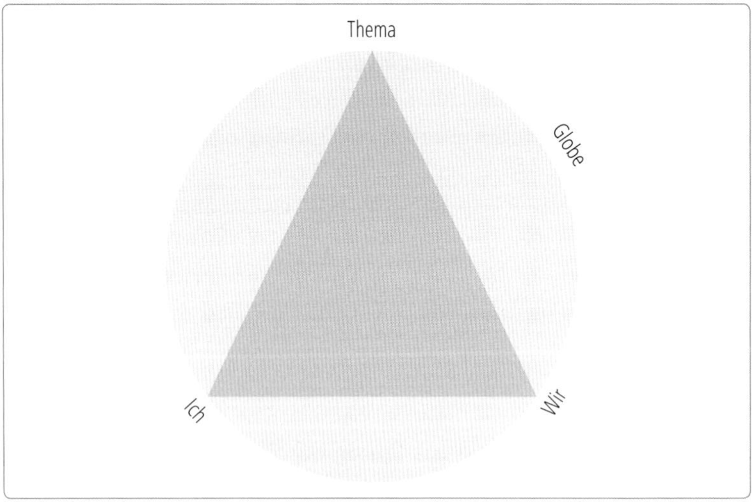

Abbildung 3: Das TZI-Modell (eigene Darstellung)

Das TZI-Modell kann als Orientierungshilfe für die Gruppendynamik dienen. Es strebt als pädagogisches Konzept einen Zustand der dynamischen Balance zwischen den Polen „Thema", „Ich" und „Wir" an.

Die Teilnehmenden lernen gemeinsam. Das ist der Zweck des Seminars, und dieser Zweck benötigt entsprechend Raum (*Thema*). Die Teilnehmenden benötigen allerdings auch Raum zur Entfaltung. Sie müssen ihre individuellen Lernzugänge entdecken. Auch brauchen die Einzelnen einen bestimmten, unterschiedlich großen Raum persönlicher Entfaltung im Rahmen der Gruppe (*Ich*). Die Möglichkeiten, dies zu berücksichtigen, reichen beispielsweise von Phasen der Selbstreflexion und Einzelarbeit über die gezielte Ansprache der unterschiedlichen Sinneskanäle der Lernenden bis hin zu konkreten Arbeitsaufträgen, die Einzelnen Gelegenheit verschaffen, einmal längere Zeit im Mittelpunkt der Aufmerksamkeit zu stehen. Dabei ist es dem Lernen förderlich, wenn die Teilnehmenden guten Kontakt zueinander aufbauen, sich gegenseitig beim Lernen unterstützen und sich so vertrauensvolle Beziehungen entwickeln können (*Wir*).

Ein weiterer Aspekt dieses Modells ist der „Globe“, d.h. die Rahmenbedingungen. Sie beeinflussen das Arbeitsklima und sind folglich in Rechnung zu stellen. Auch wenn ursprünglich in erster Linie an den gesellschaftlichen Kontext des Seminars gedacht war, bezieht sich der Globe-Aspekt auch auf die konkrete Lernumgebung: Auch der Einfluss eines schönen Seminarraumes ist am Beginn jedes Seminars zu spüren.

AKTION

Blitzlicht

Das Blitzlicht ist eine kurze Runde von Meinungsäußerungen aller Teilnehmenden zu einer spezifischen Fragestellung. Oft mag die klassische Blitzlicht-Methode in unsicheren Gruppensituationen genügen. Da gewährleistet sein soll, dass alle möglichst knapp ihre Meinung kundgeben, zwingt es zur Präzision. Die Redezeit sollte auf etwa 30 Sekunden begrenzt werden. Eine exakte Frage wird gestellt. Als symbolische Unterstützung kann der jeweils redenden Person ein Sprechstein, -stab oder ein ähnlich geeigneter Gegenstand überlassen werden. Dies unterstützt die für Metakommunikation notwendige Disziplin, weil spontane Unterbrechungen minimiert werden. Auch für die Auswahl der Frage bietet das TZI-Modell Orientierung: Geht es um Fragen zum Thema, um die Zusammenarbeit oder ist Transparenz über die Gefühls- oder Energielage der einzelnen Personen am erhellendsten?

Gilt es nicht, ein spezielles Problem zu lösen, sondern geht es um Überblick und Austausch der Sichtweisen, wie beispielsweise die Teilnehmenden den Lernprozess erleben, dürfen sich die Einzelnen mehr Zeit für ihre Äußerungen nehmen. Das Eruieren der Bedürfnisse der Teilnehmenden ist nützlich, um die Stimmung der Gruppe zu erkennen.

Gerade weil eine solche metakommunikative Übung den meisten Teilnehmenden weitgehend unbekannt ist und daher Widerstand oder Ratlosigkeit provozieren kann, ist strukturiertes Vorgehen besonders wichtig. Ein wirkungsvolles Hilfsmittel ist hier auch ein Ball, der spontan anderen Teilnehmenden zugeworfen wird und damit Verlegenheitspausen überwindet. Man kann dies mit den Worten einleiten wie: „Werfen Sie den Ball anschließend der Person zu, auf deren Meinung sie jetzt besonders neugierig sind." Dies verhindert die Qual der Wahl und animiert zum spontanen Weitergeben an einen Nachbarn. Sinnvoll sind auch Absprachen wie: „Nach der ersten Person ist dann jeweils die drei Plätze weiter sitzende Person dran".

Wird eine solche Gesprächsrunde in einem anderen Kontext genutzt, beispielsweise in einer Vorstellungsrunde, kann die Aufforderung lauten: „Werfen Sie den Ball anschließend der Person zu, mit der Sie Gemeinsamkeiten wahrnehmen oder vermuten".

Je unabhängiger und selbstbestimmter die Gruppe ist, desto wichtiger ist es, die Leitvorstellung der dynamischen Balance zu verwirklichen, denn je reifer die Gruppe ist, desto größer ist ihr Selbststeuerungspotenzial, das durch das TZI-Konzept gestärkt wird. Sind die Teilnehmenden nicht freiwillig anwesend oder ist die Phase der Zusammenarbeit nur kurz, können sich die Stärken der Methode nicht entfalten.

5.2.2 Der systemische Blick: Implizite Regeln beachten

In unserer Kultur gibt es Werte des Zusammenlebens, deren Akzeptanz von einer breiten Mehrheit geteilt wird und die sich über einen langen Zeitraum herausgebildet haben. In Organisationen oder Gruppen spiegeln sie sich als spezifische Verhaltens- und Erwartungsmuster wider, deren konkrete Berücksichtigung zwar von Fall zu Fall unterschiedlich sein mag, die sich aber als Regeln verallgemeinern lassen. Sie sind implizit, also (in der Regel) unausgesprochen, und beeinflussen daher das Gruppenklima auf indirekte Weise. Da sie nicht thematisiert, ja oft nicht einmal bewusst erfasst werden, wirken sie unterschwellig. Sie können also Verwirrung oder Ärger auslösen, ohne dass die Gründe dafür erkannt werden. Eine Missachtung muss daher nicht sofort zu direkten Störungen führen, sondern kann auch bewirken, dass sich das Gruppenklima allgemein verschlechtert.

Diese Phänomene sind von dem Konzept des *Systemischen Denkens* aufgegriffen worden. Das Konzept überträgt bestimmte Muster und Denkschablonen auf Gruppen oder Organisationen. Verhaltensweisen werden aufgegriffen und als „Muster impliziter Regeln" etikettiert. Sie können auch als „Alltagstheorien" bezeichnet werden, weil ihnen das unausgesprochene Selbstverständnis der meisten Menschen zu Grunde liegt. Dieses Konzept kann helfen, scheinbar unerklärliche Schwierigkeiten des Gruppenprozesses besser zu verstehen. Im Folgenden werden solche Regeln erläutert, die es im Umgang mit Gruppen zu berücksichtigen gilt.

Geben und Nehmen

Dieses kulturelle Muster entsteht aus der Notwendigkeit der Menschen, für die Wechselfälle des Lebens eine moralische Haltung des gegenseitigen Gebens und Nehmens zu entwickeln oder für gemeinsame Ziele eine effektive Zusammenarbeit zu organisieren. So unterstützt die moralische Verpflichtung, sich zu revanchieren, die Bildung von Übereinkünften und Kompromissen. Ein Verstoß gegen diese implizite Regel ist gegeben, wenn ein Teil der Gruppe den anderen dominiert und ihm seine Vorstellungen von Zusammenarbeit aufnötigen möchte. Wertvolle Verhaltensweisen der einen Seite kann die jeweils andere hier nicht annehmen.

Es sollte also versucht werden, das zielorientierte Leistungsstreben der einen als sinnvolle Ergänzung zur produzierten „Wohlfühlatmosphäre" der anderen in die Gruppe zu integrieren. So wird zu beidem die Anerkennung durch die jeweils anderen gesichert.

Offizielle und heimliche Regeln

Es gibt „offizielle" und es gibt „heimliche" Regeln. Die größere Macht haben die heimlichen Regeln. Dies gilt es zu berücksichtigen. Verhaltensweisen, die sich wiederholen oder zu Gewohnheiten werden, entwickeln gewaltige Durchsetzungskraft. Dies wird deutlich, wenn etwa regelmäßig die Pausen überzogen werden. Ist die Gewohnheit, fünf Minuten später zu beginnen, erst einmal etabliert, helfen kaum noch Mahnungen oder Bitten, pünktlich zu sein.

Eine dieser heimlichen Regeln könnte auch die Gewohnheit sein, dass die Kursleitung bisher auf jede Frage, auch auf die abschweifendste, stets ausführlich geantwortet hat. Eine entsprechende Erwartungshaltung würde auch im neuen Semester bestehen. Eine unkommentierte Änderung dieser Regel würde Irritationen hervorrufen.

Vorrang des Früheren vor dem Späteren

Wer über längere Zeit Mitglied einer Organisation oder Gruppe ist, hat oft mehr Rechte als die neu Hinzugekommenen, genießt vielleicht auch kleine Privilegien. Menschen, die länger dabei sind, fühlen sich oft kompetenter als die „Neuen" und erwarten, dass ihre angestammten Rechte – berechtigt oder nicht – respektiert werden. Diesem Bewusstsein entspricht unausgesprochen oder unbewusst eine bestimmte Erwartungshaltung, beispielsweise neu Hinzugekommene hätten sich anzupassen. Wird das Ziel verfolgt, dass umgekehrt diejenigen sich anpassen sollen, die schon länger dabei sind, ist dies ohne die Würdigung der von ihnen erbrachten Leistungen zum Scheitern verurteilt.

Ein Beitrag zur Wertschätzung der Erfahrungen der Stamm-Teilnehmenden in unserem Beispiel wäre es, die neuen Gruppenmitglieder zu Beginn des Semesters über die bisherige Praxis der Unterrichtsgestaltung und die gemeinsamen Lernerfahrungen zu informieren und sie zu Fragen zu ermutigen.

Recht auf Zugehörigkeit

Wenn das einzelne Gruppenmitglied das Gefühl hat, dazuzugehören und nicht um Anerkennung kämpfen zu müssen, kann bei ihm ein Gefühl der Loyalität entstehen. Fehlt der Raum für Meinungsäußerungen und die Möglichkeit, persönliche Ansichten einzubringen, entstehen kaum Anknüpfungspunkte für Beziehungen. Die bewusst geförderte Akzeptanz der vorhandenen Unterschiedlichkeit ist eine weitere günstige Voraussetzung für den Einzelnen, ein Gefühl von Zugehörigkeit zu entwickeln.

Im benannten Beispiel hätte als ein erster Schritt ein aufmerksames, herzliches Willkommen an die neu Hinzukommenden dieses Gefühl gefördert.

Wahrheit der Situation

Diese Regel geht von dem Grundsatz aus: „Was ist, muss sein dürfen". Dies erfordert, dass divergierende Interessen benannt werden, damit ein Ausgleich zwischen ihnen gesucht werden kann, anstatt sie zu verschweigen. Die Angst vor Konflikten führt oft dazu, dass Schwierigkeiten im Umgang miteinander oder auch nur sachliche Gegensätze regelrecht tabuisiert werden, um nicht in Streit zu geraten. So wird ihre Bearbeitung unmöglich, und weil die Probleme nicht angesprochen, sondern aufgeschoben werden, werden sie mit der Zeit gewichtiger und immer schwerer zu lösen.

In unserem Beispiel sollte sich der Leitende nun darüber klar sein, wie wichtig es ihm ist, dass die im Ankündigungstext propagierten Ziele erreicht werden und inwieweit er sich seiner alten Lerngruppe mit ihren Wünschen verpflichtet fühlt. Dafür ist es hilfreich, dass er am Beginn klar sagt, was er selbst anstrebt und was nicht machbar ist. Ausweichende Äußerungen, die den Teilnehmenden die Hoffnung lassen, ihre Wünsche könnten vielleicht doch noch verwirklicht werden, nähren lediglich Illusionen, die dann später enttäuscht werden müssen und die Stimmung umso mehr belasten. Daher ist eine deutliche Abgrenzung zu nicht realisierbaren Wunschvorstellungen wichtig. Hier zuvor für sich selbst geklärt zu haben, welche Lernziele mit den Teilnehmenden erreicht werden sollen, ermöglicht ein authentisches und überzeugendes Auftreten der Leitenden.

Regel des Kompetenzvorrangs

Diese Regel bezieht sich auf die durch eine Rolle zugeschriebene Kompetenz. Eine unausgefüllte Leitungsrolle lässt oft ein Führungsvakuum entstehen. Auch eine nicht akzeptierte oder unklar abgegrenzte Führungsrolle löst Rivalitäten um Einfluss und Macht aus. Klar anerkannte und deutlich wahrgenommene Rollen hingegen sind ein wichtiger Beitrag zu effektiver Arbeit.

Wenn Kursleiter Jan die Möglichkeiten, die mit seiner Rolle verbunden sind, mit Entschiedenheit und Gestaltungswillen nutzt, bringt er eine dritte Perspektive in die Auseinandersetzung ein, die von vornherein einen Vertrauensvorschuss bekommt.

Auch wenn diese Regeln selten klar thematisiert oder bewusst reflektiert werden, so kann doch ihre Missachtung das Gleichgewicht einer Gruppe negativ beeinträchtigen. Durch ihre Berücksichtigung hingegen kann die Qualität der Zusammenarbeit bedeutend gesteigert werden.

5.2.3 Die Lager mischen

Wenn man das Ziel erreichen will, zwei rivalisierende Gruppen zu einer harmonisierenden Gruppe zu verbinden, muss man dafür sorgen, dass möglichst viele positive Kontakte zwischen den Mitgliedern der Gruppen entstehen – und zwar bevor sich diese mit in die Großgruppe gebrachten Beziehungen weiter verfestigen. Man muss also die beiden Lager *mischen*. Gegenseitiges Verständnis oder Interesse wird wirkungsvoll gefördert, wenn neu gebildete Kleingruppen gemeinsame Bezugspunkte entdecken können, die Anknüpfungspunkte für positive Beziehungen bieten. Wird die neue Gruppe nach Kriterien wie Raucher/Nichtraucher, Frauen/Männer, Radfahrer/Autofahrer, gemeinsame Wohngegend, gleiche Hobbys usw. aufgeteilt, wird die bestehende Ordnung aufgeweicht.

Werden nach solchen Kriterien Gruppen gebildet, muss ihre zufallsbedingte Größe auf die zur Zusammenarbeit benötigte Teilnehmerzahl gebracht werden. Hier greift der Kursleitende ein und delegiert z.B. die einzelne Fahrradfahrerin zu den drei Musikfans. Wenn in jeder Kleingruppe ein gemeinsames Arbeitsergebnis entwickelt wird, das gegenüber den anderen zu vertreten ist, stärkt das die neuen Kooperationsbeziehungen. Bei gutem Kontakt fällt es leichter, sachlich begründete, jedoch gegensätzliche Wünsche nicht persönlich zu nehmen. Es gilt die alte Regel, dass aus häufigem Kontakt zumeist Sympathie und Offenheit entsteht.

Die gegenseitige Zuneigung der Gruppenmitglieder wird durch die folgenden Faktoren begünstigt (Gellert 2006). Aus einigen dieser Faktoren lassen sich Kriterien für eine Einteilung in Kleingruppen entwickeln.

ÜBERSICHT

Faktoren, die Sympathie befördern

- Gelegenheit zu häufigem Kontakt
- Eigenschaften oder Verhaltensweisen, die nach den Werten und Normen der Gruppe erstrebenswert sind
- Eigenschaften oder Verhaltensweisen, die den eigenen Einstellungen und Werten ähneln
- Eigenschaften und Verhaltensweisen, die es gestatten, die eigenen Bedürfnisse befriedigen zu können
- ein ähnlicher sozialer Hintergrund und das Gefühl, so gesehen zu werden, wie man ist
- ein ähnlicher kultureller Hintergrund
- das Entdecken gemeinsamer Interessen
- attraktive Persönlichkeitsmerkmale (erotische Ausstrahlung, Charisma)

Wenn mit Widerstand von denjenigen gerechnet werden muss, die lieber mit ihnen vertrauten Personen eine Arbeitsgruppe bilden wollen, können die Kleingruppen auch ausgelost werden. Ritualisierte Losverfahren zur Kleingruppenzusammensetzung erschweren es, vollzogene Einteilungen in Frage zu stellen. Die Auslosung der Kleingruppen erfolgt dabei nach dem Zufallsprinzip: Zerschnittene Postkarten, verschiedene gleichfarbige Bälle, Garnrollen sowie thematisch oder farblich zusammenpassende Kärtchen können dabei als Medium zur Einteilung dienen.

Nachdem die Entscheidung gefallen ist, sollten Leitende Einwände nicht mehr zulassen. Nicht nur, weil damit das Ergebnis in Frage gestellt und die eigene Autorität in Frage gestellt wird, besonders wenn die gesamte Lerngruppe relativ klein ist. Auch verursacht eine stets gleiche Kleingruppenzusammensetzung zukünftige Reibungspunkte. Jedenfalls würde es später immer schwerer werden, eine bestimmte Untergruppe aufteilen zu können. Bilden sich in einer großen Gruppe relativ starre Untergruppen, haben diese die Tendenz, eine eigene Identität herauszubilden. Wechselnde Kleingruppen dienen daher auch der Konfliktprophylaxe.

So wichtig in dieser Phase des *Reformings* wechselnde Kleingruppen auch sind – der Kursleitende darf keinesfalls gänzlich auf das Miteinander-Arbeiten in großer Runde verzichten. Dies ist wichtig, damit sich der Gruppenzusammenhang als integrierender Faktor entfalten kann. Dazu gehört auch, dass man die Lernschritte begründet und die gemeinsam erreichten Leistungen würdigt.

5.2.4 Das Klärungsgespräch

Das Wissen um die zuvor erläuterten Lösungsstrategien kann man auch dazu nutzen, ein klärendes Gespräch mit der Gruppe zu führen. Eine gewinnbringende Umsetzung einiger Strategien wird im Folgenden anhand unseres Beispiels durchgespielt.

Die Initiative zur Verbesserung der Situation muss Kursleiter Jan nun so schnell wie möglich ergreifen. Er kann die „Wahrheit der Situation“ benennen, d.h. die Spannung, die die Teilnehmenden zwar spüren, aber nicht direkt thematisieren, in produktiver Weise zur Sprache bringen. In diesem Fall kann er die unterschiedlichen Erwartungen der Gruppenmitglieder benennen. Hier gilt der Grundsatz: Erst wenn eine Situation enttabuisiert ist, kann sie fruchtbar bearbeitet werden. Denn erst dann sind die Ziele der Beteiligten öffentlich geworden und es ist somit auch ein Aushandeln möglich.

Ein anderer Einstieg in die Auseinandersetzung besteht darin, mit seiner persönlichen Wahrnehmung in Form einer Ich-Botschaft zu beginnen: „Ich kann so nicht arbeiten, ich verliere bei diesem Arbeitsklima die Lust.“

Dann kann man auf die gemeinsam erlebte Situation und die Notwendigkeit ihrer Veränderung zu sprechen kommen: „Und ich glaube, vielen von Ihnen geht das ganz ähnlich, deshalb brauchen wir eine Verständigung darüber, was uns gut tut und wie wir zukünftig besser zusammenarbeiten wollen.“

Auch diese Aussage stellt klare Weichen. Ob eine Zustimmung der Gruppe zu dem nun anstehenden Klärungsgespräch schon an dieser Stelle eingeholt werden sollte oder erst, nachdem die Teilnehmenden Stellung zu seiner Äußerung bezogen haben, muss seinem Fingerspitzengefühl in der konkreten Situation überlassen bleiben. Zustimmung heißt hier nicht, eine formale Abstimmung durchzuführen, sondern, möglichen Bedenken Raum zu geben, damit sich niemand überfahren fühlt. So kann die Metakommunikation eingeleitet werden. Das Gespräch über den Umgang miteinander ist nun eröffnet.

Da es das Ziel ist, die Fronten aufzulösen, muss das gegenseitige Verständnis gefördert werden. Dazu ist es nützlich, beiden Lagern die jeweils andere Sicht auf den Konflikt deutlich zu machen. Die neuen Gruppenmitglieder sollten verstehen, dass die Stammgruppe nach Jahren der Zusammenarbeit einen eigenen homogenen Lernstil entwickelt hat und es als ihr Recht ansieht, diesen Stil beizubehalten. Die alten Gruppenmitglieder müssen begreifen, dass die „Neuen" in einen Kurs gekommen sind, für den laut Programm die Durcharbeitung der letzten Kapitel des Lehrbuchs angekündigt war. Der Leitende muss um gegenseitiges Verständnis werben. Er muss hervorheben, dass die alte Mehrheit das Lernvergnügen selbst genießt und für sie nicht das Ziel maßgeblich ist, das Lehrbuch abzuschließen. Auf der anderen Seite muss er auch betonen, dass die „Neuen" beruflich unter Druck stehen und auch eine weite Anfahrt in Kauf nehmen, um vielleicht einen bestimmten Abschluss zu erreichen.

WISSENSWERT

Unabhängig von der geschilderten Situation gibt es an Volkshochschulen eine Geld-zurück-Garantie, wenn die angekündigten Lernziele nicht angestrebt werden.

Wenn Jan um Verständnis für die unterschiedlichen Positionen werben will, ist es förderlich, wenn er beiden Personenkreisen „aus dem Herzen spricht". Er drückt also sowohl die sachlichen Beweggründe als auch die dazu gehörige Stimmungslage aus. Sodann kann er den inhaltlichen Rahmen des Gesprächs abstecken, indem er die Spannweite des Themas formuliert: „Um uns auf ein gemeinsames Vorgehen zu einigen und um das Lernklima zu verbessern, lohnt sich ein Blick auf das, was zwischen uns gut läuft, und auf das, was Kraft raubt. Deshalb ist es jetzt erlaubt und gewünscht, auszusprechen, wodurch Sie sich verletzt oder gestört fühlen, wo Sie finden, dass der Umgangston Sie kränkt oder auch von welcher Art und Weise des Lernens Sie mehr benötigen und worauf Sie verzichten können."

Eine solche Äußerung vermittelt weit mehr Sicherheit als die unspezifische Aufforderung, „alles zu sagen, was wichtig ist". Er sollte auch zum Ausdruck bringen, dass dies ein bisschen Zeit kosten wird, die jedoch gut angelegt ist, weil hinterher entspannter gelernt werden kann. Er kann eine sich selbst erfüllende Prophezeiung nutzen, indem er sein Vertrauen in die Höflichkeit und Fairness der Gruppenmitglieder ausdrückt.

Wichtig ist es, die positiven Gefühle, also die Hoffnungen und Wünsche der Teilnehmenden, mit ins Spiel zu bringen. Gegenseitiges Verständnis der Beweggründe und Interessen erleichtert es den Gruppenmitgliedern aufeinander zuzugehen. Denn statt um „Gerechtigkeit" zu kämpfen, kommt es nun darauf an, einen Interessenausgleich zu schaffen.

Als wesentlicher Beitrag zu einer gelingenden Kommunikation gilt für alle, für und von sich selbst zu sprechen, also von der eigenen Wahrnehmung, den eigenen Gefühlen und Bedürfnissen zu sprechen, anstatt – wie in vielen Konflikten üblich – Schuldzuweisungen zu verteilen. Wenn dies den Teilnehmenden mit Unterstützung des Kursleiters gelingt, wird ein Klima geschaffen, in dem wenig Raum für Kränkungen bleibt. Dafür kann er Ich-Aussagen einfordern und denjenigen, die sich nicht daran halten, ins Wort fallen, sie bei sprachlichen „Fouls" also gegebenenfalls zu ermahnen. Ganz besonders zu Beginn der Debatte sollte er höchste Aufmerksamkeit walten lassen, denn der Stil der ersten Äußerungen stellt für die nachfolgenden eine Orientierung dar und wirkt als unausgesprochene Regel für das, was nun gesagt und was verschwiegen wird.

Um die Gefahr vorschneller Resignation einzelner Gruppenmitglieder vorzubeugen, sollte er schließlich dafür sorgen, dass *alle* zu Wort kommen können und Wertschätzung erfahren. Es demotiviert, wenn nur die Energischsten zu Wort kommen. Es wirkt konfliktmindernd, wenn die Meinungsäußerungen der gesamten Gruppe erfasst werden, denn die weniger engagierten und daher möglicherweise ausgewogeneren Positionen wirken sich mäßigend auf den Einigungsprozess aus. Ein Klärungsgespräch muss daher zusammengefasst folgende Punkte berücksichtigen.

CHECKLISTE 8

Klärungsgespräche in Gruppen

- ☐ Holen Sie sich die Zustimmung der Gruppe zur Metakommunikation.
- ☐ Machen Sie die Bedürfnisse der Teilnehmenden transparent.
- ☐ Fördern Sie Sicherheit durch die klare Strukturierung des Ablaufs und überwachen Sie die Einhaltung der vorgegebenen Struktur.
- ☐ Stecken Sie den thematischen Rahmen ab, zu dem die Diskussion stattfinden soll.
- ☐ Machen Sie deutlich, dass Gefühle im Spiel sind, die auch angesprochen werden dürfen.
- ☐ Entkräften Sie den wichtigsten Einwand „Zeitverlust".
- ☐ Nehmen Sie den Beteiligten die Angst vor der Auseinandersetzung.
- ☐ Stellen Sie die positiven Auswirkungen der Klärung in den Vordergrund.
- ☐ Schreiten Sie bei Abwertungen anderer Gruppenmitglieder ein und bestehen Sie auf Ich-Aussagen.

FAZIT

Die Kenntnis der Themenzentrierten Interaktion (TZI) und die Muster impliziter Regeln bieten Kursleitenden Orientierung für die Steuerung des Gruppenprozesses.

Eingespielte Regeln und gewachsene Beziehungen bewirken Stabilität. Damit kann die Gruppe produktiv arbeiten.

Wenn neue Teilnehmende in die Gruppen kommen, werden gewachsene Regeln und Rollen in Frage gestellt und müssen neu bestimmt werden. Es beginnt ein Prozess des Reformings. Neuhinzugekommene sollten schnell und gut integriert werden. Kontakte und Kooperationen sind hierfür ein Schlüssel.

Folgende Faktoren fördern ein das Wir-Gefühl der Gruppe und die Kooperationsbereitschaft:

- Persönliche Kontakte erhöhen die Wahrscheinlichkeit positiver Beziehungen.
- Positive Beziehungen steigern das Zusammengehörigkeitsgefühl. Gegenseitige Anerkennung und Unterstützung beschleunigen diesen Prozess.
- Erfolge festigen den Zusammenhalt.
- Je deutlicher persönliche Ziele mit den Gruppenzielen übereinstimmen, desto größer ist die Kohäsion.
- Der Zugang zu eventuell knappen Ressourcen sollte fair geregelt werden.

- Gehört ein Gruppenmitglied mehreren Gruppen mit ähnlicher Zielsetzung an, hat in der Regel eine Gruppe Priorität.
- Ein gemeinsamer Gegner bewirkt größere Geschlossenheit.
- Außen- und Leistungsdruck bringen die Tendenz zu autoritären Gruppenstrukturen hervor.
- Anpassung lähmt die Initiative der Einzelnen, Freiräume dagegen fördern die aktive Beteiligung am Gruppenprozess.
- Homogene Gruppen weisen tendenziell eine höhere Kohäsion auf als heterogen zusammengesetzte Gruppen.
- Kleinere Gruppen weisen einen höheren Zusammenhalt auf als große.

6. Dilemma-Situationen auflösen

6.1 Der Konflikt

Situationen im Kurs können sich so entwickeln, dass die Kursleitung in eine scheinbar unlösbare Lage gerät.

BEISPIEL

Es ist der elfte Abend eines Italienisch-Kurses. Die Gruppe bereitet ein zum Semesterende stattfindendes Volkshochschulfest vor. Es wird gemalt, gedichtet und diskutiert, allerdings vorwiegend auf Deutsch. Alle Teilnehmenden scheinen begeistert bei der Sache. Wirklich alle? Nein, ein Teilnehmer ruft plötzlich mit aufgeregt scharfem Ton: „Das ist doch stinklangweilig mit dieser Spielerei. Wie lange soll das eigentlich noch so gehen? Sorgen Sie endlich mal dafür, dass wir wieder Italienisch machen!"

Dies ist eine Reaktion, die die Leiterin befürchtet hatte. Statt Italienisch zu lernen ein Fest vorbereiten – das musste doch Protest hervorrufen. Dabei wäre es sicher ein schönes, stimmungsvolles Erlebnis geworden. Die Aktion war so gut ausgedacht und vorbereitet, wie schade. Die Kursleiterin, Frau Pfiffig, resigniert. Sie fühlt sich hilflos und hat ein schlechtes Gewissen. Dies kommt auch in ihrer Körpersprache zum Ausdruck, im ratlosen Blick und im Tonfall, mit dem sie reagiert: „Was machen wir jetzt damit?"

Diese Situation ist ein typischer Ausgangspunkt für einen Schlagabtausch mit drei wechselnden Rollen – auch als das *Drama-Dreieck* bezeichnet: die Dozentin, die in diesem Beispiel die Rolle des „Opfers" übernimmt, ein Teilnehmer in der Rolle des „Verfolgers", der sie kritisiert, und eine Teilnehmerin, die als „Retterin" einspringt. Das Gespräch könnte sich wie folgt fortsetzen.

Teilnehmer: „Sorgen Sie endlich mal dafür, dass wir wieder Italienisch machen!" Teilnehmerin (als „Retterin"): „Was soll denn das? Die Idee ist doch klasse, das muss man doch sehen. Wir könnten schließlich auch am Ende der Stunde auf Italienisch berichten, was die Einzelnen vorbereitet haben."

Nun wechselt sie von der Rolle der „Retterin" in die der Kritikerin: „Sie müssen nicht immer so destruktiv sein. Halten Sie doch die Gruppe nicht schon wieder mit Ihren Sonderwünschen auf."

Teilnehmer (lenkt ein und geht seinerseits in die Opferrolle): „Entschuldigung, das war nicht so gemeint. Ich will doch nur, dass wir alle was von diesem Abend haben und sich keiner langweilt."

Teilnehmerin (als Kritikerin): „Dann lassen Sie doch die dauernden Meckereien."

Leiterin (befürchtet eine Eskalation und springt dem ehemaligen Verfolger und jetzigen Opfer als Retterin bei): „Hören Sie schon auf, war ja nicht so schlimm. Wir sollten doch alle gelassen bleiben."

In einem solchen Verlauf ist es nicht unwahrscheinlich, dass Retter bei weiterer Eskalation auch noch zu Opfern werden. Das Drama-Dreieck erzeugt durch das Auftreten komplementärer Rollen, die sich gegenseitig benötigen und die schnell gewechselt werden können, eine mächtige Dynamik.

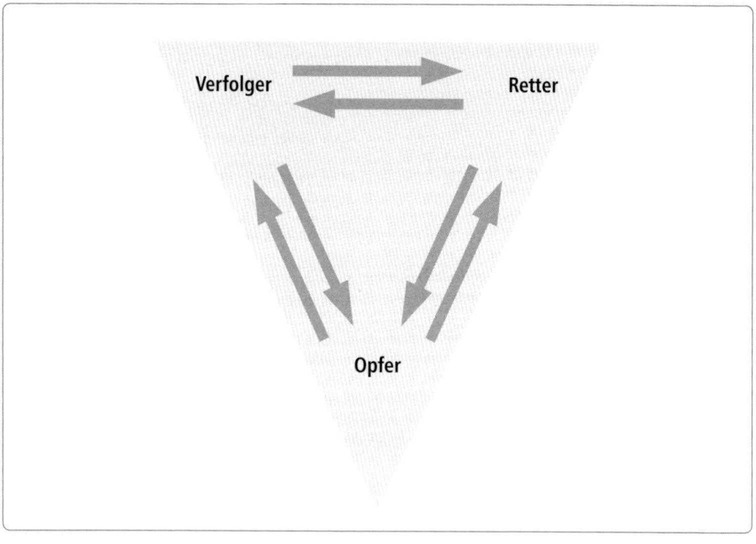

Abbildung 4: Das Drama-Dreieck (Quelle: Ueberschaer 2000)

Oft ist es eine Opferhaltung, die zu diesem „Spiel" einlädt. Sie kommt sowohl körpersprachlich als auch verbal zum Ausdruck. Das „Opfer" fühlt sich schuldig, es macht sich klein oder stellt naive Fragen. Mit der Haltung, alle Schuld bei sich zu suchen, laden Menschen die so bezeichneten Verfolger ein, die Schuld nur beim Gegenüber zu sehen, sich selbst stark zu fühlen und das Opfer anzugreifen. Erkennbar ist dies an zur Schau getragener Überlegenheit oder an der Abwertung des Opfers. Häufig werden Redewendungen wie „schon wieder", „immer machst du", „nie können Sie" u.Ä. verwendet. Das Macht- und Überlegenheitsgefühl, das Verfolger spüren, kann allerdings beim Angriff von Rettern verfliegen, und so geben sie in der Regel früher oder später nach. Typische Verfolger ziehen aus diesem Spiel den Nutzen, vertraute Kindheitsgefühle wieder herzustellen.

Menschen, die in die Rolle des Verfolgers gehen, sind meist sehr routiniert im Herabsetzen anderer Personen. Wen wundert es da, dass sie häufig erfolgreich in sozialen Bereichen sind, in denen Macht und Kontrolle eine große Rolle spielen. Die konfrontative Art der Verfolger erinnert an das Motto „Viel Feind, viel Ehr". Die Grundhaltung, aus der sie agieren, kann als „Ich bin o.k., du bist nicht o.k." bezeichnet werden.

Die Angriffe von Verfolgern rufen Retter auf den Plan, die gern die soziale Anerkennung und die Dankbarkeit des Opfers und anderer Beteiligter genießen möchten, ohne dass sie dabei einen wirklich partnerschaftlichen oder konstruktiven Umgangsstil für den Konflikt entwickeln. Retter überschätzen ihre Stärken, denn auch sie fühlen sich schnell verunsichert und knicken dann ein. Sie werten nicht nur den Verfolger durch Beschuldigungen ab, ihr Einspringen für das Opfer unterstreicht auch dessen Hilfsbedürftigkeit. Auch durch die Ausübung dieser Rolle entsteht ein Gefühl der Überlegenheit. Damit und mit der erhaltenenBewunderung lenken sich Retter von ihren eigenen inneren Defiziten ab. Ihre Grundhaltung ist „Ich bin nicht o.k., du bist o.k.".

Opfer erhalten positive Zuwendung, die bei ihnen spontan Dankbarkeit erzeugen, weil Retter Entlastung bringen. Allerdings lähmt die gut gemeinte Bevormundung die Eigeninitiative der Opfer. Wenn dazu Scham- und Schuldgefühle wirken, ist die Bereitschaft zur offensiven Vertretung der eigenen Position massiv behindert. So wirkt der zu selbstkritische Blick auf die eigene Person besonders in der Leitungsrolle destruktiv. Die Grundhaltung von Opfern ist: „Ich bin nicht o.k., du bist nicht o.k.".

Ein günstiger Nährboden für das Drama-Dreieck kann eine eher langweilige Lernsituation sein, so dass nach einer relativ ruhigen Phase plötzlich Lebendigkeit in das Geschehen kommt (Gührs/Nowak 1995, S. 109). Das führt, wenn weitere Gruppenmitglieder mitmischen wollen und Partei ergreifen, zu plötzlichen Polarisierungen. Gegenseitige Schuldzuweisungen, Flucht aus der Leitungsrolle und fehlende Dialogbereitschaft sind die Beiträge, die dieses Muster konstituieren. Kennzeichen dieses Spiels ist darüber hinaus eine sich schnell entfaltende Dreiecksdynamik mit abwertenden Verallgemeinerungen und wechselnden Rollen.

Selbstverständlich ist Unterstützung für die Leitung in Konfliktsituationen sehr willkommen. Hilfe soll hier keinesfalls abgewertet werden. Nicht jede Unterstützung für die Leitung seitens der Teilnehmenden führt in ein Drama-Dreieck. Ein Warnsignal ist jedoch diese Ouvertüre Ihrerseits: „Ich bin nicht gut genug. Hilf mir, Du bist stark!" So wird das Spiel eröffnet.

Die Kursleiterin aus dem Fallbeispiel wägt die Situation wie folgt ab: Hätte sie Herrn Mäkel in seine Schranken verweisen sollen? Aber hat er denn nicht Recht? Schließlich hat er für den Unterricht und nicht für die Vorbereitung eines Festes bezahlt. Ist es andererseits nicht geradezu selbstverständlich, wenn die VHS feiert und die Teilnehmenden dieses Fest vorbereiten wollen, sich gemeinsam dafür Zeit zu nehmen? Schließlich lernen alle oft schon seit Jahren zusammen. Da entsteht ein starkes Bedürfnis nach privatem Austausch. Auch führt mehr Kontakt zu stärkerer Gruppenkohäsion, und das wirkt sich positiv auf die Lernatmosphäre aus. Soll in diesem Fall die Mehrheit entscheiden oder sie selbst als Leiterin? Sie ist in diese verwickelte Situation mit vollem Elan hineingerutscht; Anzeichen von Unwilligkeit hat sie übersehen. Jetzt, wo Unmut deutlich wird, sind die Weichen schon eindeutig in eine bestimmte Richtung gestellt. Nun einfach die Festvorbereitung abzublasen, provoziert mindestens genauso viel Widerstand wie sie fortzusetzen. Guter Rat ist teuer.

Wie soll die Kursleitung in Situationen reagieren, die soweit eskaliert sind, dass jede Handlungsalternative einen Teil der Gruppenmitglieder verärgern wird? Im Folgenden werden einige hilfreiche Orientierungspunkte für das Verhalten in solchen Dilemmata aufgezeigt.

6.2 Lösungsstrategien

6.2.1 Beratung statt Drama

Es ist völlig richtig, Kritik anzunehmen. Dies sollte selbstbewusst statt schuldbewusst geschehen. Ein konstruktives Beratungsmodell auf der Basis von „Ich bin o.k. – du bist o.k." beschreibt die drei genannten Rollen des Drama-Dreiecks auf andere Weise: Aus dem Verfolger wird ein konstruktiver Kritiker, aus dem Opfer ein aktiv Hilfesuchender und aus dem Retter ein guter Berater (Ueberschaer 2000).

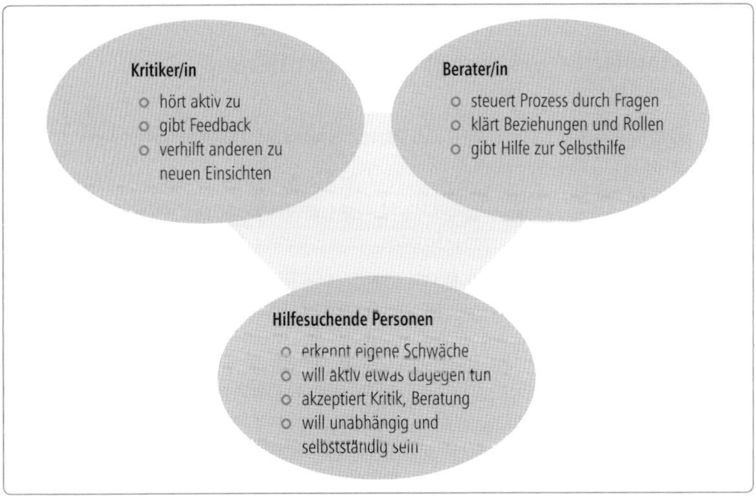

Abbildung 5: Beratungsmodell (Quelle: in Anlehnung an Ueberschaer 2000)

6.2.2 Komponenten eines souveränen Leitungsstils

Die Leiterin stand in dem eingangs beschriebenen Beispiel nicht nur vor einem Kommunikationsproblem. Sie fragte sich auch, ob sie in der Sache richtig gehandelt hatte. Die drei folgenden Kriterien geben eine klare Orientierung bei unübersichtlichen Seminarsituationen und sind wichtige Komponenten eines sicheren und klaren Führungsverhaltens (Schulz von Thun 2006).

Der innere Kompass

Leiten die Verantwortlichen in Übereinstimmung mit ihren eigenen Werten und Einstellungen? Für diesen Fall: Bei Beginn der Vorbereitung für das Fest sollte sich die Leiterin im Klaren darüber sein, wie wichtig ihr selbst diese Vorbereitung während der Unterrichtszeit ist und ob sie diese vor sich und den anderen vertreten kann. Wenn sie ein gutes Gefühl für das hat, was sie für richtig hält, kann sie die anderen mitreißen und Schwankende überzeugen. Handlung und Wertvorstellung stimmen überein, sie leitet „wesensgemäß". Die Stärke dieser authentischen Haltung spüren auch diejenigen, die sich gern mit ihr anlegen würden. Das verschafft Respekt.

Die systemische Sicht der Kontextorientierung

Neben der ganz persönlichen Einstellung der Leitenden sind auch die Anforderungen, die sich aus der Situation ergeben, zu beurteilen. Es ist das Ziel der Veranstaltung, Italienisch zu lernen. Mit dieser Zielsetzung haben sich die Teilnehmenden angemeldet. Hier besteht also eine Vereinbarung und es bedarf eines Einverständnisses, diese außer Kraft zu setzen. Die Leiterin könnte beispielsweise fragen: „Wer möchte lernen und wer will lieber das Fest vorbereiten?" Ein rechtzeitiges Meinungsbild schafft einen Überblick, verbaut jedoch noch nicht eine endgültige Entscheidung. Der Blick auf gegebene Strukturen, z.B. der VHS als Vertragspartner, erweitert den Kontext. Bedeutungsvoll ist auch die Frage, ob eventuell ein Organisationskonflikt zwischen verschiedenen Akteuren vorliegt. Schließlich kann der Blick auch noch auf den gesellschaftlichen Rahmen, in dem dieses Seminar stattfindet, erweitert werden. Welche soziokulturellen Einflüsse wirken auf die Teilnehmenden? Erst der Blick auf den Kontext ermöglicht es, alle Faktoren, die für diese Entscheidung von Bedeutung sein können, zu erkennen. Wenn man Organisationen (und ihre Umwelt) als „System" betrachtet, erkennt man darin verschiedene Subsysteme. Für Personen, die Entscheidungen zu treffen haben, ist es sinnvoll, die jeweils relevanten Subsysteme und deren Bedeutung oder Einfluss zu identifizieren. Dabei sind die Entscheidenden frei, die Grenzen dieser Subsysteme pragmatisch so zu setzen, wie es ihnen für die Situation richtig erscheint.

Der metakommunikative Leitungsstil

Damit ist die notwendige Abstimmung zwischen den Beteiligten umschrieben. Das Lernangebot, ausgewählte Entscheidungen und die Art, die Gruppe zu leiten, sollten also kommuniziert werden. Eine entsprechende Frage an die Gruppe könnte lauten: „Ist mein Vorgehen für euch akzeptabel?“ Damit wird der Grundsatz der Teilnehmerorientierung berücksichtigt – ein wichtiges Prinzip in der Erwachsenenbildung.

6.2.3 Emotionen verdeckt halten

Im Beispielfall schwankt die Dozentin zwischen einer Verteidigungshaltung und verständnisvoller Betroffenheit, da die Reaktion ihres Kontrahenten zwar provokativ, aber nicht sehr aggressiv ist. Sie sieht sich nicht eindeutig zu einem Gegenangriff oder zur Verteidigung herausgefordert, doch der Beitrag ist auch nicht sachlich genug, als dass sie ihn ignorieren möchte. Sie ringt um ihren inneren Standpunkt.

Die im Folgenden erläuterte Methode der *Reportage* kann in dieser Situation hilfreich sein. Sie dient dazu, dem Gegenüber die eigene Wahrnehmung zu vermitteln. Ihr Vorteil liegt darin, dass das typische Konfliktmuster von Vorwurf und Gegenvorwurf umschifft wird. Auch wird das eigene Selbstwertgefühl nicht in Frage gestellt. Der Eskalation wird eine sachliche Beschreibung entgegengesetzt. Diese Form der Reaktion auf einen verbalen Angriff verlangsamt den Konfliktverlauf, weil sie eine Phase der Beschreibung oder Schilderung einführt. Die Methode hilft, Zeit zu gewinnen und die Situation offen zu halten.

AKTION

Reportage

Die Kursleitende begibt sich gedanklich auf neutralen Boden. Sie stellt sich vor, die Situation aus der Adlerperspektive zu erleben und zu beschreiben, was geschieht. In Bezug auf das Beispiel könnte sie sagen: „Wir bereiten gerade das Fest vor, und Ihnen, Herr Mäkel, platzt plötzlich der Kragen. Sie fordern von der Leiterin, dass wir jetzt auf der Stelle damit aufhören und zum Italienisch-Lernen übergehen. Also, da bin ich jetzt etwas ratlos. Ich sehe nämlich, wie viele Teilnehmer gerade engagiert arbeiten.“

Damit lässt die Leitende den aggressiven Teil der Aussage des Teilnehmers unbeachtet, weil sie sich intensiv bemüht, den Vorfall mit Abstand zu erleben, nicht in einen Beziehungskonflikt hineinzurutschen und zu einer sachlichen Lösung für alle Beteiligten zu kommen. In einer solchen Situation könnte es nämlich auch sein, dass der kritische Teilnehmer auch die Unzufriedenheit einiger anderer artikuliert. So kann man den Ball zurückspielen und die Situation durch eine gelassene Beschreibung versachlichen.

In Gruppen mit frustrierten Teilnehmenden, die zu Lehrgängen oder Seminaren „zwangsverpflichtet" wurden und in denen ein hohes Aggressionspotenzial herrscht, kann diese Methode ein probates Mittel sein, verbale Angriffe ins Leere laufen zu lassen. In einem solchen Kontext ist es aber auch risikoreich, die eigene Betroffenheit zu veröffentlichen. Aggressive Teilnehmende könnten den Schwachpunkt am Leitenden finden, der geeignet wäre, ihm „das Leben schwer zu machen". Für die Ausgeglichenheit der Leitenden ist es also von Vorteil, in gelassener Weise zu reagieren.

6.2.4 Emotionen gezielt kommunizieren

In unserem Beispiel wird die Äußerung von Herrn Mäkel emotional vorgebracht. Und so wird sie auch von den Beteiligten wahrgenommen. Eine weitere Möglichkeit, den Konflikt zu bearbeiten, besteht darin, die im Raum stehenden Emotionen aufzunehmen, statt sie zu übergehen. So kann vermieden werden, dass der Kritiker den Eindruck bekommt, er würde nicht ernst genommen oder seine Gefühle würden durch Nichtbeachtung entwertet.

Achtung: Wenn die Leiterin die Gefühle des Teilnehmers mit der Methode des aktiven Zuhörens ansprechen würde, ginge sie damit das Risiko ein, dass Herr Mäkel sich „demaskiert" fühlt: „Sie sind jetzt ärgerlich, weil Sie das Gefühl haben, zu kurz zu kommen". Stattdessen kann sie eine emotionshaltige Ich-Aussage treffen: „Mensch, Herr Mäkel, das ist ja jetzt heftig für mich." Danach kann sie ein „Friedensangebot" machen, indem sie das Positive an seiner Botschaft würdigt.

Wenn sie dann noch eigene Argumente zur Versachlichung der Debatte folgen lässt, besteht eine gute Chance, den drohenden Konflikt in sachliche Bahnen zu lenken (→Kap. 4.2.3), beispielsweise so: „Gut, dass Sie das ansprechen. Das ermöglicht es uns allen, zu prüfen, ob wir noch den richtigen Kurs haben (*Würdigung*). Ich sehe allerdings, dass viele der Teilnehmenden gerade engagiert an der Vorbereitung des Festes arbeiten (*Argument*)."

Dieses Schema kann auch als Standardmuster zur Entschärfung plötzlich entstehender Eskalationen dienen: „Donnerwetter, das überrascht mich jetzt aber (*eigene Emotion*). Nehmen Sie doch erst mal Platz (*Friedensangebot*). Nach meinen Informationen ... (*Überleitung zur Sache*)."

CHECKLISTE 9

Eskalationsentschärfung

- ☐ Reagieren Sie auf die im Raum stehenden Emotionen des Gegenübers mit der Kundgabe eigener Emotionen, dies mit neutraler Tendenz.
- ☐ Würdigen Sie den positiven Kern der Botschaft des Gegenübers: Erkennen Sie das Positive in dieser Botschaft und sprechen Sie es aus.
- ☐ Sprechen Sie ein sachliches Friedensangebot aus.
- ☐ Leiten Sie in ruhigen Worten zur Sache über.

6.2.5 Die Bedürfnisse der Gruppe ermitteln

Da sich die Szene am elften Kursabend abspielt, befindet sich die Gruppe in der *Phase der Arbeitslust und Produktivität*. Zwischen den Teilnehmenden hat sich ein Vertrauen entwickelt, das sich auf einen Vorrat an gemeinsamen Erfahrungen von Zusammenarbeit stützt. Dieses Kapital gilt es nun zu nutzen.

Ein erster Schritt der Leitung ist es, die Bedürfnisse der Gruppenmitglieder in der ungeklärten Situation transparent zu machen. Dabei ist es wichtig, das Gruppenklima so offen zu gestalten, dass jede Person ohne Druck ihre Meinung zum weiteren Vorgehen einbringen kann. Damit es nicht zu langen Diskussionsbeiträgen kommt, die zu Gegenrede und Widerspruch der anderen Teilnehmenden einladen und so den Konfliktherd erweitern, ist es wichtig, dass man präzise danach fragt, was geklärt werden soll: „Wir erleben im Augenblick, dass es unterschiedliche Auffassungen über den Verlauf der bevorstehenden letzten zweieinhalb Sitzungen gibt. Im Augenblick ist das weitere Vorgehen für heute zu entscheiden. Daher meine Frage: Wie würden Sie am liebsten verfahren?"

Ein auf diese Weise eingeführtes *Blitzlicht* (→Kap. 5.2.1) ist in kritischen Seminarsituationen während der Leistungsphase das geeignete Mittel, Schritte zur Lösungsfindung einzuleiten, da die Verantwortung in die Gruppe gegeben wird. Die Regel, dass sich die Beteiligten kurz fassen sollen, wird mit einer Vereinbarung über eine Redezeit von maximal einer Minute unterstützt. Der Kursleitende kann dabei das unklar oder aggressiv Ausgedrückte noch einmal kurz wiederholen, indem er den Kerngedanken sach- und lösungsorientiert mit eigenen Worten auf den Punkt bringt. Dies stiftet zusätzlichen Kontakt, beugt Missverständnissen vor und fokussiert wieder auf den Kern der Frage.

Nachdem alle Anwesenden ihre Meinung gesagt haben, kann der Kursleitende nun einen Vorschlag machen, wie weiter verfahren werden soll. Der Vorschlag muss sich am Meinungsbild der Gruppe orientieren, um akzeptiert zu werden. Er stellt also einen Kompromiss dar.

Weitere Methoden zur Erhebung der Gruppenmeinung sind die *Skalierungsfragen* und die *Gruppensoziometrie.*

AKTION

Skalierungsfragen

Bei dieser Methode wird eine Skala von eins bis zehn auf dem Boden markiert. Die Endpunkte „Eins" und „Zehn" sind die am weitesten auseinander liegenden Positionen: „Wir sollten unbedingt so vorgehen" … „Wir sollten keinesfalls so vorgehen". Bevor die Teilnehmenden aufgefordert werden, sich ihrer Meinung entsprechend auf der Skala aufzustellen, wird um Verständnis für unterschiedliche Einstellungen geworben, indem diese beiden Positionen als miteinander versöhnlich und jeweils prinzipiell als akzeptabel beschrieben werden. Das geschieht, indem der jeweils gute Kern dieses Vorgehens hervorgehoben wird. Die Teilnehmenden ordnen sich anschließend der imaginären Skala zu und bringen so (stumm) ihre Meinung zum Ausdruck. Anschließend kann die Leitung vor allem die im Mittelfeld der Skala stehenden Teilnehmenden nach ihren Lösungsideen befragen.

Gruppensoziometrie

Hierbei wird ein Filzstift oder ein anderer Gegenstand in die Mitte des Raumes gelegt. Dann wird eine Frage gestellt: „Wie stark sind Sie jetzt innerlich an der Vorbereitung des Festes beteiligt?" Die Teilnehmenden gruppieren sich nun in einem entsprechenden Abstand um dieses Zentrum, d.h. den Gegenstand in der Mitte des Raums. Wer das Fest sehr gern vorbereiten will, steht nah am Gegenstand, andere entsprechend entfernt. Jetzt kann der Kursleiter einzelne Teilnehmer, die am weitesten vom Zentrum entfernt stehen, gezielt – und auf wertschätzende Weise – nach ihren Vorstellungen fragen. Ein anschließender Kompromissvorschlag hat gute Chancen, akzeptiert zu werden.

Beide Methoden haben den Vorteil, dass ein Verweis auf die Worte der zuvor Redenden nicht möglich ist. Niemand kann sich hinter wortgewaltigen Anführern verstecken. So beziehen zwar alle gleichzeitig Stellung, allerdings ist eine Orientierung an anderen Positionen auch hier möglich, weil Zeit gegeben werden muss, bis jede Person ihren Standort gefunden hat. Diese Methoden bilden die Stimmung oder Einstellung in der Gruppe ab, ohne dass lange debattiert werden muss.

Manchmal ist allerdings auch nach einem solchen Verfahren noch nicht klar, wie weiter vorgegangen werden soll. Für sehr hartnäckige Meinungsunterschiede hilft die folgende Methode.

AKTION

Bienenkorb

Bei dieser Methode werden zunächst Kleingruppen von je drei Personen gebildet, die sich auf ein gemeinsames Vorgehen einigen sollen. Anschließend werden Delegierte jeder Kleingruppe in die Mitte gebeten. Als Abgesandte der Kleingruppen streben diese eine gemeinsame Einigung an. Sollte sich nach einer Runde immer noch kein Kompromiss abzeichnen, müssen die Vertreter abermals in ihren Kleingruppen nachverhandeln, um die Erlaubnis für eine weitere Annäherung in der Delegiertengruppe zu bekommen. Ein solch intensives Ringen um einen Kompromiss kann allerdings nur dann von Erfolg gekrönt sein, wenn die Gruppenmitglieder trotz aller Differenzen ein gemeinsames Vorgehen wollen und bereit sind, dafür die notwendige Zeit zu investieren.

Mit den beschriebenen Methoden werden Antworten kurz gehalten und Streitgespräche unterbunden. So werden die Meinungen aller Teilnehmenden ohne zu viel Zeitaufwand ermittelt. Gerade die Auffassungen der weniger engagierten Gruppenmitglieder wirken meist mäßigend und kompromissfördernd auf die Protagonisten festgelegter Lösungsideen.

Mit einer sorgfältig überlegten Fragestellung kann die Aufmerksamkeit auf die innere Befindlichkeit oder den sachlichen Prozess gelenkt werden. Bei ihrer Formulierung sollte man prüfen: Geht es um eine nach sachlichen Kriterien zu entscheidende Fragestellung oder ist es wichtiger, einen Raum für die Äußerung verletzter Gefühle zu schaffen, um danach ohne versteckten Groll weiterarbeiten zu können? Die Steuerung des Aufmerksamkeitsfokus hat Auswirkungen auf die Richtung des Klärungsprozesses.

6.2.6 Subjektive Konfliktlösungsstrategien berücksichtigen

Bei allen Konflikten ist es nützlich zu wissen, dass Menschen, durch ihre Lebensgeschichte geprägt, zu einem bestimmten Konfliktlösungsmuster tendieren. Manche reagieren spontan mit *instrumentellen* Lösungsvorschlägen, andere eher mit *emotionalen*, ohne jeweils zu analysieren, ob das Vorgehen dem Problem angemessen ist.

Beim instrumentellen Vorgehen werden klare Entscheidungskriterien gesucht. Es wird nach strikt sachlichen Maßstäben entschieden, Stimmungen und Gefühle haben sich unterzuordnen. Menschen mit emotionalem Konfliktlösungsmuster versuchen vordringlich, den umgekehrten Weg zu gehen. Dabei sprechen sie Kränkungen und Befürchtungen an, um möglichst alle Beteiligten zu verstehen und aus diesem Verständnis Lösungen zu entwickeln.

Eine *instrumentelle Lösung* wäre für den Fall der Entscheidung über das weitere Vorgehen im Italienisch-Kurs, kurz und bündig eine Abstimmung herbeizuführen. Die Mehrheit entscheidet, und der Konflikt ist (scheinbar) gelöst. Die Nebenkosten dieser schnellen Entscheidung liegen in der Frustration der Minderheit mit ihren negativen Folgen. Dies kann sich in Motivationsverlust, passiver Verweigerung oder dem Austeilen von Retourkutschen bei geeigneten Gelegenheiten ausdrücken. Die folgenden Beispiele sollen ein instrumentelles Herangehen an Konflikte weiter verdeutlichen.

BEISPIEL

Ein Vorgesetzter möchte einen älteren Mitarbeiter entlassen, der sich weigert, Englisch zu lernen. Der Vorgesetzte bedenkt nicht, dass der Widerstand höchstwahrscheinlich das Resultat von Ängsten ist und der Betroffene die Schwierigkeiten und Konsequenzen nicht überblickt.

Der Dozent eines Sprachkurses tröstet eine Teilnehmerin, die nach vierwöchiger Krankheit den Anschluss verloren hat: „Sie können den Kurs doch im nächsten Semester wiederholen." Er übersieht dabei, dass die Teilnehmerin in diesem Augenblick traurig ist, die vertraute Gruppe mit den liebgewordenen Bekanntschaften und der gemeinsamen Lerngeschichte zu verlassen. Verständnis für das Empfinden dieses Verlusts wäre hier vordringlicher. Sein schneller Lösungsvorschlag wirkt verharmlosend.

Während beim instrumentellen Vorgehen ein sachlich-praktischer Lösungsansatz im Vordergrund steht, dominiert beim emotionalen das Verstehen und Versöhnen. Mit einem emotionalem Ansatz würde man bei dem Konflikt über das weitere Vorgehen versuchen, einen Kompromiss zu finden, der die Gefühlslage aller berücksichtigt. Dabei sind mögliche Kränkungen jener Teilnehmenden zu thematisieren, die sich überhört oder übergangen fühlen; die Situation ist in ihrer Entstehungsgeschichte zu betrachten. Emotionen wie Selbstwertgefühl, Angst oder Überforderung, die bei der instrumentellen Problemlösung ausgeklammert bleiben, können als Ressourcen für die Lösung genutzt werden. Bei diesem Vorgehen ist viel Einfühlung und Verständnis gefordert, um den Klärungsprozess erfolgreich abzuschließen. Allerdings würde diese Art von Konfliktklärung im beschriebenen Beispiel zu viel Zeit kosten, so dass die Beteiligten am Ende weder das eine noch das andere Ziel erreicht hätten.

Häufig beinhaltet ein Konflikt, wie auch der eingangs beschriebene, beide Dimensionen gleichzeitig. In Gruppen haben die Mitglieder unterschiedliche Lösungspräferenzen. Eine Entwirrung ist kompliziert, besonders unter Zeitdruck. So geht es meist vor allem darum, ein angemessenes Entscheidungsverfahren zu wählen und nicht dem Charme seiner eigenen bevorzugten Konfliktlösungsstrategie zu verfallen und einseitig vorzugehen.

Der Kursleitende kann also versuchen zu erfassen, ob emotionaler Widerstand vorliegt, beispielsweise aus der Kränkung einer Einzelperson heraus, die sich übergangen fühlt, oder ob eine Forderung eher sachlichen Interessen entspringt. In Gruppenprozessen können die Mitglieder aus unterschiedlichsten Interessen heraus für oder gegen ein bestimmtes Vorgehen sein. Mit einer sorgfältig überlegten Fragestellung kann die Aufmerksamkeit auf die innere Befindlichkeit oder den sachlichen Prozess gelenkt werden. Mit Hilfe des Konzepts der *Themenzentrierten Interaktion* (→ Kap. 5.2.1) lässt sich dann das Vorgehen strukturieren. Eine *Blitzlicht*runde könnte dem Thema gewidmet sein; die Fragestellung könnte z.B. lauten: „Was soll unser nächster Schritt sein?" Eine zweite Blitzlichtrunde könnte dann der Befindlichkeit der einzelnen Personen gelten. Die Fragestellung könnte hier beispielsweise heißen: „Wie geht es mir in dieser Auseinandersetzung?" Die Methode würde hier die Möglichkeit eröffnen, die persönliche Verarbeitung des Prozesses zu veröffentlichen. Die TZI strebt eine Gruppenatmosphäre an, „in der Ängste abgebaut, Schwächen und Aggressionen akzeptiert werden" (Löhmer/Standhardt 1992, S. 47). In dieser Form der Auseinandersetzung liegt die Chance einer von allen getragenen Einigung. Allerdings sind Menschen manchmal so auf eine der beiden Konfliktbewältigungsstrategien fixiert, dass sie sich nur ungern auf den anderen Ansatz einlassen wollen. Gerade für sachorientierte Menschen kommen Entscheidungen oft nur aufgrund der Faktenlage in Betracht. Mit vereinzeltem Widerstand gegen ein anderes Vorgehen der Kursleitung ist also zu rechnen.

6.2.7 Exkurs: Das Rangdynamikmodell

In diesem und dem vorangegangenen Kapitel spielte die Dynamik, die sich aus der Bildung von zwei Fraktionen in der Gruppe entwickelt, eine bedeutsame Rolle. Deshalb wird an dieser Stelle das *Rangdynamikmodell* vorgestellt, welches versucht, Machtkonstellationen in Gruppen zu erfassen. Dies soll den Blick für den Einfluss von Gruppenmitgliedern auf das Gruppengeschehen schärfen.

Das Rangdynamikmodell trägt dazu bei, die Verteilung von Macht und Einfluss in Gruppen zu erkennen (Schindler 1957). Es ist aus psychoanalytischen Überlegungen entwickelt worden und arbeitet die unbewussten Anteile des Verhaltens in Bezug zu Macht und Einfluss heraus. Für

Lernprozesse in Seminaren ist es fruchtbarer, das Modell auf Mitglieder mit formal gleichem Status zu beziehen, also die Leitung nicht als Mitglied der Gruppe zu betrachten. Aus dieser Sicht wird die Gruppe durch die Leitung „von außen" beeinflusst.

„Alpha" ist die „beeindruckendste" Persönlichkeit der Gruppe: Sie ist sachlicher Ideenträger oder beliebtester Sympathieträger, jedoch in jedem Fall ein durchsetzungsstarkes Gruppenmitglied. Auf der unbewussten Ebene identifizieren sich die Gruppenmitglieder mit dieser Person. Daher hat sie den größten Einfluss in der Gruppe, den sie machtbewusst nutzt.

Personen in der „Beta"-Position sind herausragende Fachleute, die ihren Einfluss ihren Leistungen für die Gruppe verdanken. Ihre Rolle ist die von Beratenden, die sich beim Ringen um Einfluss eher im Hintergrund halten. Weil sie meist kein Bedürfnis haben, Macht auszuüben, erhalten sie die Unterstützung von Alpha.

„Gamma" ist die Position der anderen Gruppenmitglieder. Ihre Identifikation mit Alpha erschwert ihnen die Herausbildung und das Vertreten einer dezidierten eigenen Meinung. Im Ringen um Einfluss sind sie daher Spielball gruppendynamischer Prozesse und zugleich „Königsmacher", die Alpha küren. Die „G"-Position („Gegner") befindet sich außerhalb der Gruppe. Ihre Existenz ist jedoch eine Bedingung für die Konstituierung von Gruppen – denn erst in der Abgrenzung gegenüber Nichtmitgliedern entsteht die Gruppenzugehörigkeit.

„Omega" ist die Position des Aussteigers, der am Rand der Gruppe angesiedelt ist. Soziale Merkmale, unkonventionelles Verhalten und Ideen, die die Mehrheit ablehnt, können schnell in diese Rolle führen. Damit repräsentiert Omega eine Identität, die die Gruppe als fremd und nicht ihr zugehörig ablehnt. Dadurch zieht Omega – den Gruppenmitgliedern partiell unbewusst – deren Aggressionen auf sich.

Als Ansatzpunkte zur Beeinflussung des Lerngeschehens sind vor allem die Rollen von Alpha und Omega von Bedeutung. Zunächst gibt ein Blick darauf, ob Alpha eher als Tüchtigster oder Beliebtester für seine Alpha-Rolle auserkoren wurde, Aufschluss über die Verteilung von Aufgaben- oder Beziehungsorientierung in der Gruppe (→ Kap. 8.2.5): Alpha verkörpert die Ziele und Werte, die sich die Gruppe wünscht, und das ist einer der wichtigsten Faktoren seines Einflusses. Damit repräsentiert diese Person die Gruppenmeinung in den entscheidenden Fragen.

Leitende können in größte Schwierigkeiten kommen, wenn sie in Konkurrenz zu Alpha geraten. Gute Zusammenarbeit hingegen bietet ihnen einige Möglichkeiten der Beeinflussung. Dies gilt beispielsweise für Situationen, in denen Leitende ratlos sind, wie sie weiter vorgehen sollten. Hier kann ihnen eine kurze gruppenöffentliche Beratung mit Alpha über die nächsten Schritte weiterhelfen (*parents talk*). Wichtig ist dabei, die Entscheidung, wie weiter verfahren werden soll, nicht aus der Hand zu geben: Alpha als Person, die wahrscheinlich am besten versteht, was die Gruppe in der konkreten Situation benötigt, wird (öffentlicher) Ratgeber.

Auch für Situationen, in denen die Gruppe zögert, den Vorschlägen der Leitung zu folgen (wenn es z.B. um das Ausprobieren neuer lernaktiver Methoden geht), werden Hemmungen überwunden, wenn Alpha mit gutem Beispiel vorangeht. Leitende sollten nicht zögern, die Alpha-Person als erstes zu anzusprechen, wenn sie spüren, dass diese dazu bereit ist.

Während die Rolle von Alpha offen erkennbaren Einfluss auf das Verhalten der Gruppenmitglieder hat, ist der Einfluss von Omega verdeckt. Der Umgang mit einer als Außenseiter „abgestempelten" Person dient als ein Maßstab für die herrschende Toleranz der Gruppe. Durch die Unterstützung dieser von der Gruppe ausgegrenzten Personen arbeiten Leitende aktiv an einem offenen Gruppenklima und damit zugleich an einem akzeptierenden Lernklima: Außenseiter, die mit ihren Ansichten oder Themen an den Rand des Gruppeneinflusses gedrängt werden, halten ein wichtiges Potenzial an Ideen bereit. Dies kann besonders für Situationen, in denen die Gruppe neue Wege beschreiten sollte, sehr wertvoll sein. Allerdings sind Kursleitende manchmal geneigt, des Guten zu viel zu tun, um "das schwarze Schaf zu retten". Weil persönliche Unterstützung hier in das Gegenteil umschlagen kann, sollte die man aktive Hilfe nur nach ausdrücklicher Einwilligung geben – denn die Unterstützung für Omega ändert nichts an der Gruppendynamik, die diese Rolle hervorgebracht hat. Die Gefahr, selbst an Einfluss zu verlieren, ist nicht gering – ist doch Omega der Träger der negativen Gefühle, die die Gruppe an ihn übertragen hat.

Eine ausgeprägte „Sündenbockrolle“ kann entstehen, wenn ein erkennbares Klima der Anpassung herrscht. Eine solche Entwicklung ist typisch für Gruppen, die sich unter starken Druck gesetzt fühlen – sei es durch den „Gegner“ (z.B. eine konkurrierende Gruppe) oder durch Leistungsdruck, beispielsweise Prüfungsangst.

In lebendigen Gruppen sorgt die Gruppendynamik dafür, dass Alpha- und Omega-Rollen nicht sehr deutlich hervortreten und darüber hinaus nicht stets von der gleichen Person besetzt bleiben. Sich neu entwickelnde Gruppenanliegen, beispielsweise eine fällige Auseinandersetzung mit der Kursleitung oder neue (Lern-)aufgaben, erfordern verschiedene wichtige Kompetenzen. Andere Gruppenmitglieder nutzen die Chance, ihre Stärken zu zeigen und sich im Dienst der Gruppe zu profilieren.

In Gruppen, in denen die Teilnehmenden durch äußeren Druck anwesend sind, jedoch wenig Lust zum Lernen verspüren, und in denen eine Art „verdeckte Rebellion“ herrscht, spielt die Auseinandersetzung mit Alpha eine besondere Rolle. Die unbewussten Wünsche und Hoffnungen der Gruppe richten sich auf diese, denn die Gruppe identifiziert sich mit ihr. Erst wenn Alpha als personifizierter Träger des Widerstands „entthront“ wird, ist der Weg zu einem lernfreundlichen Klima frei. Gibt es eine nennenswerte Minderheit, die zum Lernen bereit ist, besteht die Chance, Alpha zu „stürzen“. Ein Machtkampf zwischen Kursleitendem und Alpha steht an. Wenn Alpha ihn verliert, lässt die Gruppe diese Person fallen und diese gerät in die Omega-Rolle. Wenn es nicht gelingt, das Gruppenklima der verdeckten Rebellion umzuformen, wird der Gruppe ein neues Alpha mit gleicher Frontstellung zur Leitung erwachsen. Weil für alle Beteiligten viel auf dem Spiel steht, ist für Leitende Vorsicht geboten, um nicht spontan in einen solchen Machtkampf hineinzurutschen. Es ist geboten, sich innerlich zu wappnen, die eigenen Machtmittel zu prüfen, sich des Rückhalts der Organisation zu versichern und den Anlass der Auseinandersetzung selbst zu bestimmen.

FAZIT

- Wenn Leitende mit der Haltung und dem Gefühl von ungenügender eigener Leistung vor die Gruppe treten, provozieren sie damit unbewusst eine Drama-Dreieck-Situation.
- Innere Klarheit, ein metakommunikativer Leitungsstil sowie der Blick auf den Einfluss und die Erwartungen aller Beteiligten bieten Orientierung für eine souveräne Gruppenleitung.
- Wenn der Lern- und Zusammenarbeitsprozess frühzeitig reflektiert wird, kann Konflikten vorgebeugt werden. Bei widerstreitenden Interessen und Zielen der Gruppenmitglieder ist Transparenz von Wünschen und Erwartungen ein guter Ausgangspunkt für eine Einigung.
- In den ersten beiden Phasen des Gruppenprozesses sind Gruppen überfordert, wenn sie eigenständig Entscheidungen treffen sollen. Erst in der Leistungsphase sollten Gruppe und Kursleitung gemeinsam entscheiden. Dabei unterstützen soziometrische Methoden die schnelle Klärung. Lösungsvorschläge der Kursleitung zur rechten Zeit können den Entscheidungsprozess vorantreiben.
- Der Vorrat an Gemeinsamkeiten für eine einvernehmliche Lösung ist in der Leistungsphase meist groß genug.
- Subjektive Konfliktlösungsstrategien (instrumentell/emotional) sollten beachtet werden.
- Das Rangdynamikmodell kann dabei unterstützen, Machtstrukturen in einer Gruppe zu durchschauen und zur Konfliktlösung nutzbar zu machen.

7. Störer eingliedern

7.1 Der Konflikt

Im folgenden Beispiel wird die Gruppendynamik durch das ständige Dazwischenreden einer einzelnen Person aus dem Gleichgewicht gebracht.

BEISPIEL

Frau Nichdoch verdreht genervt die Augen. Nicht das schon wieder. Herr Zöger stöhnt gereizt auf. Mindestens sechs Augenpaare blicken die Leiterin an. Ein stummer Appell: „Hilf uns, tu endlich etwas!" Nur einer gibt sich völlig ungerührt, Herr Stur. Charmant verbessert er das holprige Russisch von Frau Lerner und gibt ihr noch gleich einen seiner vielen guten Ratschläge mit auf den Weg: „Wenn Sie ..." Dann schickt er noch einen Tipp zum Vokabellernen hinterher: „Wissen Sie, ich male immer Bilder! Bei mir liegt immer ein leerer Bogen Papier auf dem Schreibtisch, den nutze ich ..." Die Seminarleiterin unterbricht verzweifelt: „Herr Stur! Sie wollten sich doch zurückhalten." Herr Stur antwortet: „Ach Gott, ja. Ich bin ja schon still."

Die Leiterin, Frau Hurtig, ist jetzt wirklich verzweifelt. Lange hatte sie Geduld mit Herrn Stur gehabt. Waren doch die Anregungen nützlich, die Verbesserungen und Bemerkungen oft recht passend. Aber auf Dauer wurde seine Beredsamkeit unerträglich – er war nicht zu bremsen. Ihre Ermahnungen wurden in den Wind geschlagen, und viele in der Lerngruppe waren längst richtig sauer. Was also tun?

Welche Schritte kann man hier gehen, um Dauerredner oder Selbstdarsteller nicht unangemessen häufig zu Wort kommen zu lassen? Zunächst ist klar, dass Kursleitende, besonders in den Anfängen jeder Veranstaltung, die Verantwortung für den Prozess der Zusammenarbeit übernehmen müssen. Die Teilnehmenden wären überfordert, hier für die passenden Umgangsformen anderer Gruppenmitglieder zu sorgen. Es zählt zu den Phänomenen der Gruppendynamik, dass Konflikte zwischen den Teilnehmenden erst später untereinander ausgetragen werden. Die ersten Konflikte, die offen thematisiert werden, sind die zwischen Teilnehmenden und der Kursleitung.

Teilnehmende eines Fremdsprachunterrichts beispielsweise erwarten zu Recht, dass jeder die gleichen Möglichkeiten hat, sich einzubringen. Das muss allerdings nicht heißen, dass alle gleichmäßig oft zu Wort kommen. Die praktische Beteiligung wird unterschiedlich sein, je nach konkreten Bedürfnissen, Temperament und Vorwissen. Nicht alle wollen sich engagiert einbringen, allerdings möchte sich auch niemand zurückgesetzt fühlen. So ist es die Aufgabe der Leitung, dafür zu sorgen, dass niemand offensichtlich bevorzugt oder benachteiligt wird.

Aus verschiedenen Gründen müssen also Vielredner wie Herr Stur gestoppt werden. Nicht nur, dass ihre Dauerpräsenz auf Kosten möglicher Lernaktivitäten geht – sie verärgern mit ihrer Dominanz die anderen. Schließlich ziehen sich auch Leitende Ärger zu, wenn sie häufige Dauerreden Einzelner dulden, denn die Gruppenmitglieder erwarten von ihnen, dass sie eingreifen.

Konfliktpotenzial ergibt sich aus zu großer Toleranz gegenüber Selbstdarstellung Einzelner auf Kosten der anderen Gruppenmitglieder. Zwar reagiert die Gruppe auf einen Selbstdarsteller mit versteckter Kritik – ob diese von ihm jedoch richtig gedeutet oder berücksichtigt wird, ist zweifelhaft. Es bleibt jedoch auch zu prüfen, ob die Methodik des Unterrichts die Bedürfnisse der Teilnehmenden ausreichend berücksichtigt. Kann es sein, dass die Lernenden durch zu viel Frontalunterricht zu wenig zu Wort kommen können und sich das Bedürfnis nach Aktivität mit Dazwischenreden oder Dauerreden Bahn bricht? Ist der Vielredner also nur ein Symptom, das auf zur Passivität verurteilte Teilnehmende hinweist? In Kapitel 7.5.2 werden solche Symptome aus systemischer Sicht aufgegriffen.

Achtung: Würde sich die Leitung weiterhin nach dem bisherigen Muster verhalten und den Störer immer heftiger, energischer oder eindringlicher kritisieren, könnten sich beide Parteien spiegelbildlich verhalten. Sie würden mehr vom Gleichen tun, in der Hoffnung, ihre Wünsche erfüllt zu bekommen, denn hinter Selbstdarstellung und ausschweifenden Reden stecken unbewusste Wünsche und Sehnsüchte. Der Selbstdarsteller fühlt sich durch die Ermahnungen und Begrenzungen unterdrückt und er glaubt, dass er zu kurz kommt. Daher wird er energischer und versucht, noch mehr zu Wort zu kommen. Das aktiviert den Kursleitenden, massiver zu werden und ihn auszubremsen. Darauf reagiert dieser mit weiterer Kraftanstrengung. Die Situation eskaliert.

7.2 Lösungsstrategien

Allgemein können Paar- und Gruppenarbeit, gemeinsame Lernspiele usw. Raum für mehr Eigenanteile und Gespräche geben und eine solche Situation entspannen. Darüber hinaus gibt es verschiedene Möglichkeiten, Dauerredner zu unterbrechen. Naheliegend ist zunächst eine Ermahnung, „zum Punkt zu kommen". Auch wer Vielrednern ins Wort fällt und eine knappe Zusammenfassung liefert, sorgt für eine Unterbrechung. Dies kann zugleich als eine Würdigung des Gesagten verstanden werden, weil der Kern nun nochmals von der Kursleitung – wenn auch nur kurz – hervorgehoben wird. Manchmal reicht eine Atempause im Redestrom, um zu unterbrechen. Hierbei ist es hilfreich, die Person mit Namen anzusprechen. Nachdem man seine eigenen Bemerkungen gemacht hat, sollte man den Blickkontakt abbrechen und sich anderen Teilnehmenden zuwenden. So wird dem Vielredner die Aufmerksamkeit entzogen.

7.2.1 Das Kommunikationsquadrat

Wenn es darum geht, Grenzen zu setzen, ist die *Ich-Aussage* die geeignete Form des Kritisierens, weil sie ohne Angriff konfrontiert. Sie ist eine kurze Selbstkundgabe.

BEISPIEL

Leitung: „Herr Stur, ich werde ganz nervös, wenn Sie so lange reden."

Oder:

„Ich ärgere mich, dass Sie Frau Sanft nicht selbst zu Wort kommen lassen."

Ich-Aussagen sind in hartnäckigen Fällen jedoch nicht ausreichend. Eine *Ich-Botschaft* ist eine erweiterte Ich-Aussage. Sie kann dem Gegenüber die Wirkung seiner Handlungsweise besser vor Augen führen.

Die klassische Ich-Botschaft hat drei Bestandteile:

- eine Aussage über das Gefühl des Sprechenden,
- die Beschreibung des beanstandeten Verhaltens des Gegenübers und
- einen Wunsch an das Gegenüber oder die Beschreibung der Wirkung seines Handelns auf die Beteiligten.

Durch die Kombination dieser drei Ebenen wird eine größere Nachdrücklichkeit erreicht: „Wenn Sie so lange Wortbeiträge bringen, werde ich furchtbar ungeduldig und die meisten anderen schalten ab, das macht das Lernen schwer.“ (*Sache, Gefühl, Wirkung*) Oder: „Wenn Sie so lange Wortbeiträge bringen, werde ich furchtbar ungeduldig. Bitte fassen Sie sich kürzer.“ (*Sache, Gefühl, Wunsch*)

Selbstverständlich ist auch lediglich ein sachlicher Hinweis allein gut geeignet: „Ihre Redezeit beträgt 30 Sekunden, Herr Stur.“ (*Sache*)

Es kann ebenfalls genügen, nur die Erwartungen zum Ausdruck zu bringen: „Bitte fassen Sie sich kürzer!“ (*Wunsch*)

Vorwürfe sind nicht rechtzeitig ausgesprochene Wünsche. Diese Feststellung lässt sich erweitern: Wünsche müssen konkret sein, damit sie zum Handeln anregen. In beidem steckt der gleiche Gedanke: Man sollte ausdrücken, was erreicht werden soll, statt zu sagen, was nicht passieren darf. Statt zu sagen: „Bitte reden Sie nicht so lange“, ist es wirkungsvoller zu formulieren: „Bitte denken Sie daran, wir haben eine Redezeit von zwei Minuten vereinbart.“

Die Beschreibung des konkreten Verhaltens erweckt klare Vorstellungen vom Handeln und ist genau überprüfbar.

In den vorangehenden Beispielen sind drei Seiten des *Kommunikationsquadrats* (Schulz von Thun 1989a) explizit genutzt: die *Selbstkundgabe-*, die *Sach-* und die *Appellseite*. Die vierte Seite des Kommunikationsquadrats, die *Beziehungsseite*, ist in jeder Äußerung von Höflichkeit, nachdrücklicher Aufmerksamkeit oder anderen Formen der Wertschätzung, die dem Störenfried entgegengebracht wird, enthalten.

Das Kommunikationsquadrat ist nicht nur für einzelne Aussagen hilfreich, die im Unterrichtsverlauf an die störende Person gerichtet werden, sondern es bietet verschiedene Hilfen, um ein Gespräch erfolgreich zu führen. Als „Kompass für die Gesprächsführung“ liegt eine seiner Stärken darin, eine sichere Orientierung für das eigene Handeln zu bieten. Seine Seiten repräsentieren die vier wichtigen Aspekte einer Nachricht. Wenn jede Seite möglichst eindeutig angesprochen wird, erhalten Aussagen mehr Klarheit. Indirekt angesprochene oder auch miteinander vermengte und damit vielfältig interpretierbare Botschaften können so vermieden werden. Dies ist gerade in Konfliktsituationen wichtig. „Quadratisches" Kommunizieren beugt so Missverständnissen vor und gibt Aussagen mehr Nachdruck.

Die Selbstkundgabe- und die Sachseite sind im streitbaren Dialog am unproblematischsten.

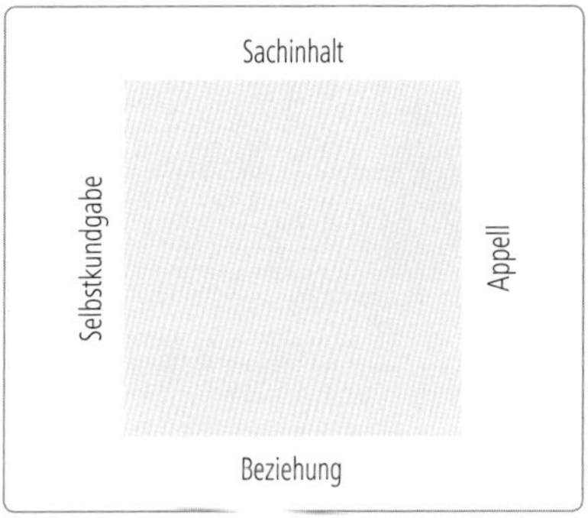

Abbildung 6: Die vier Seiten der Nachricht (Quelle: in Anlehnung an Schulz von Thun 1989a)

Bei Appell- und Beziehungsseite dagegen lauert das größte Konfliktpotenzial. Die Appellseite schränkt mit ihren Erwartungen an das Gegenüber dessen Unabhängigkeit ein. Höflichkeit und zugleich Klarheit führen hier am weitesten.

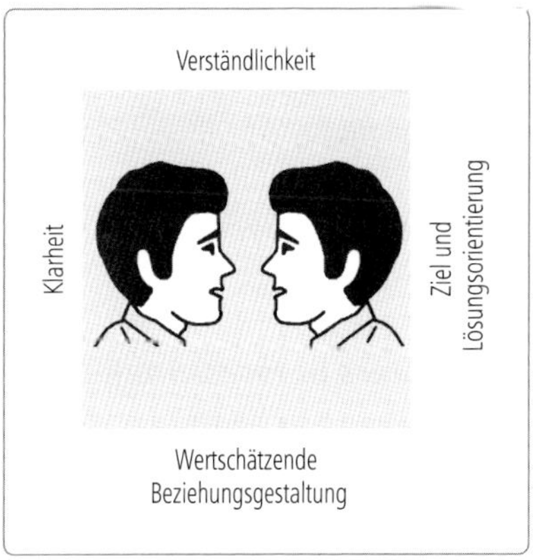

Abbildung 7: Voraussetzungen für ein konstruktives Gespräch auf der Grundlage des Kommunikationsquadrats (Quelle: In Anlehnung an Schulz von Thun 1989a)

Der Beziehungsaspekt wird positiv angesprochen, wenn die für das Gegenüber empfundene Wertschätzung ausgedrückt wird. Diese Seite wird meist besonders sensibel geprüft, wenn die Gesprächspartner ihre Rollen bewerten. Dann versuchen beide zu diagnostizieren, ob die jeweils eigene Rolle auch ausreichend anerkannt ist. Alle Aussagen, die die Beziehungen zwischen den Gesprächspartnern beschreiben, werden auf die Goldwaage gelegt.

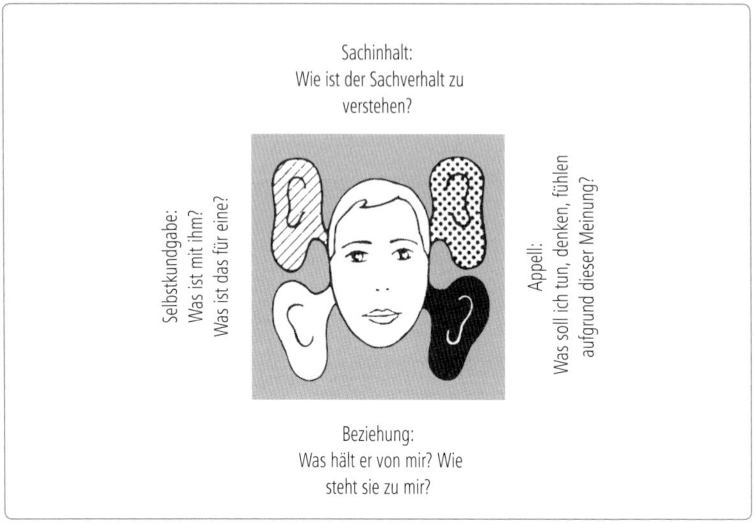

Abbildung 8: Botschaften mit „vier Ohren" hören (Quelle: In Anlehnung an Schulz von Thun 1989a)

In der Praxis gibt es im Dialog oft Missverständnisse, weil Menschen eine unterschiedlich stark ausgeprägte Wahrnehmung für die vier Aspekte einer Äußerung haben. Viele haben eine ausgeprägte Antenne, mit der sie bevorzugt eine bestimmte Seite der Nachricht empfangen. Auch die Fähigkeit, den vier Seiten Ausdruck zu verleihen, differiert. Einige können ihre Wünsche nur nebulös äußern, während es anderen beispielsweise schwerfällt, ihren Ärger auszudrücken.

7.2.2 Das Problembewusstsein des Störers berücksichtigen

Die Reaktionen des Empfängers auf eine Ich-Botschaft zeigen, auf welcher Ebene des Problembewusstseins sich die den Unterricht störende Person befindet (Benin 2005). Die vier im Folgenden erläuterten Ebenen geben darüber Aufschluss, welche Argumente sinnvoll eingesetzt werden können, um das Gegenüber wirklich zu erreichen.

ÜBERSICHT

Vier Ebenen des Problembewusstseins

Ebene 1 – Leugnen des Problems
Eine Argumentation ist kaum möglich.

Ebene 2 – Bagatellisieren des Problems
Ein Nachdenken über das eigene Verhalten kann angeregt, Regeln können vereinbart werden. Ein persönliches Gespräch kann sinnvoll sein.

Ebene 3 – Anerkennen des Problems, Bestreiten seiner Lösbarkeit
Ein Vier-Augen-Gespräch und Lernpartnerschaften können zu einer Lösung beitragen.

Ebene 4 – Anerkennen des Problems, Akzeptieren seiner Lösbarkeit
Der Blick auf Kompetenzen ist nützlich. Impulse zur Problemlösung können hilfreich sein.

Auf der ersten Ebene wird ein angesprochenes Problem einfach abgestritten. Es ist sehr schwierig, eine Person zu überzeugen, die sich gedanklich auf dieser Ebene befindet, weil sie über kein Problembewusstsein verfügt (sofern das Leugnen nicht als Ausrede benutzt wird) und das Feedback noch nicht wirklich realisiert hat.

Häufiger ist in Fällen wie dem vorliegenden eher ein Problembewusstsein der zweiten Ebene anzutreffen: Das Problem wird heruntergespielt und nach dem Motto verharmlost: „Das ist doch nicht so schlimm.“ Auf dieser zweiten Stufe könnte man die Person bremsen, indem man ihr das Verletzende ihres Tuns vor Augen führt.

BEISPIEL

Leitung: „Was glauben Sie, wie es Herrn Zöger dabei geht, wenn Sie für ihn antworten?"

Oder:

„Wie würde es Ihnen gehen, wenn Sie so häufig unterbrochen würden?"

Oder:

„Was glauben Sie, was die Gruppe darüber denkt, wenn Sie sich fast so viel Raum nehmen, wie alle anderen zusammen?"

Diese Art der Konfrontation ermöglicht es dem Dauerredner, die Haltung zum eigenen Problem zu überprüfen. Bei diesen Formulierungen kommt es auf den Tonfall an. Es geht nicht darum, das Gegenüber vor der Gruppe bloßzustellen oder ihm Vorwürfe zu machen, sondern darum, seine Fähigkeit zur Einfühlung anzusprechen. Der Überzeugungsprozess besteht darin, ihn auf die Aspekte aufmerksam zu machen, die auf der jeweiligen Stufe ausgeblendet werden. Eine dezente Unterstützung der Kursleitung kann anregen, für die eigenen Interessen einzustehen: „Sie wollten noch ausreden?"

Regeln als Konfliktprophylaxe

Neben Ermahnungen unterstützen gemeinsam vereinbarte Regeln die notwendige Selbstdisziplin. Es entschärft den Konflikt, wenn man sich auf sie bezieht. Regeln erleichtern es auch anderen Gruppenmitgliedern einzugreifen. Sie sind ein gutes Mittel der Konfliktprophylaxe. Dass z.B. Handys vor Beginn des Unterrichts auszuschalten sind, ist mittlerweile selbstverständlich, dennoch kann es unter Umständen nötig sein, dies ausdrücklich zu vereinbaren. Ebenso kann es notwendig sein, zu verabreden, dass man sich ausreden lässt, der Reihe der Wortmeldungen nach redet oder die Redezeit begrenzt. Die Vereinbarung gemeinsamer Regeln hat den Vorteil, dass die Leitung öffentlich im Auftrag der Gruppe auf deren Einhaltung hinweist: „Wir haben vereinbart, dass..." Diese Ermahnung erinnert den Störenfried auch stets an seine eigene Zustimmung sowie an die Erwartung der Gruppe, die gemeinsam gegebenen Regeln einzuhalten. So werden außerdem die Betroffenen unterstützt, die Störung selbst zurückzuweisen.

Gelingt es nicht, das kaum vorhandene Problembewusstsein der Stufe zwei soweit zu fördern, dass eine Verhaltensänderung erhofft werden kann, muss also mit weiteren, andauernden Störung gerechnet werden. An diesem Punkt sollte unbedingt ein persönliches Gespräch stattfinden – erfahrungsgemäß würden sonst andere Teilnehmende fernbleiben.

Lösung zweiter Ordnung

Jetzt ist es für die Kursleitung klüger, eine *Lösung zweiter Ordnung* anzustreben. Lösungen zweiter Ordnung sind dadurch gekennzeichnet, dass das Gegenteil von dem getan wird, was bisher versucht wurde, aber keinen

Erfolg brachte. Statt der Anforderung an den Störer, ganz andere, vielleicht nicht gelernte Verhaltensweisen zu zeigen, erfolgt nun die Anerkennung seiner Kompetenzen als Ausgangspunkt für mögliche Veränderungen. Wenn er Momente des Schweigens kaum aushalten kann, könnte ihm Raum gegeben werden, um mit gezielten, gekonnten und möglichst kurzen Beiträgen bei passender Gelegenheit aufzutreten. Wenn so das Dazwischenreden eingedämmt werden kann, ist dieses Vorgehen sinnvoll. Eine andere Möglichkeit ist – die Akzeptanz der Gruppe vorausgesetzt –, ihn in die Rolle eines Zeitwächters einzusetzen.

Hat der Teilnehmende die *dritte Ebene* der Problemwahrnehmung erreicht, so dürfte es günstiger sein, das Gespräch unter vier Augen zu suchen. Auf dieser Stufe wird nicht mehr das Problem, sondern seine Lösbarkeit bestritten. Menschen, die sich auf dieser Stufe befinden, betrachten das Problem als unvermeidbar oder unlösbar. Die Einstellung des Dauerredners lautet dann: „Das ergibt sich so, wenn Pausen entstehen. Da kann man eben nichts machen." Dies ist die Situation, in der Lernpartnerschaften und andere Formen gegenseitiger Unterstützung nützlich sind. Vielleicht ist die kritisierte Person damit einverstanden, dass ein Nachbar ihn anstößt oder ein anderes Zeichen gibt, wenn sie sich zügeln soll.

Wenn das Problem erkannt und die Möglichkeit, es zu lösen, prinzipiell nicht mehr bestritten wird, sind die Chancen, den Teilnehmende zu überzeugen, gewachsen. Auf dieser *vierten Ebene* lautet die Botschaft immer noch: „Ich kann (das) einfach nicht anders." Hier hat die betreffende Person keinen Kontakt zu ihren Stärken und unterschätzt ihre Fähigkeiten. Es macht sie für die angestrebte Verhaltensänderung aufgeschlossener, wenn der Blick nun auf ihre Kompetenzen gelenkt wird. Anregungen und Ideen, wie das Problem zu lösen sein könnte, sind auf der dritten und vierten Stufe nützlich.

Aber die Versuchung ist groß, sich für dieses schwierige Gespräch Unterstützung von der Gruppe zu holen. Der Vielredner ist allerdings vor der Gruppe viel stärker gezwungen, sich zu verteidigen, als bei einem Gespräch unter vier Augen. Die Angst vor einem Gesichtsverlust führt zu einer unnachgiebigen Haltung, die jedes Einlenken erschwert. Das Gespräch bedeutete damit nicht nur verlorene Zeit, es würde die Fronten sogar weiter verhärten.

7.2.3 Inhaltsreframing

Bevor es zum Kritikgespräch kommt, sollte man sich mit der Technik des *Inhaltsreframing* vertraut machen. Wenn man sich bestätigt fühlt, fällt es einem am leichtesten, sich flexibel zu verhalten. Wer sich unter Druck gesetzt fühlt, verfügt dagegen nur über eingeschränkte Verhaltensmöglichkeiten. Das Inhaltsreframing ist ein hilfreiches Muster, die Ressourcen von Teilnehmenden zu würdigen (Bandler/Grinder 2000).

Beim *Reframing* werden Sachverhalte aus einer neuen Perspektive wahrgenommen. Dies kann dazu führen, dass die betrachtete Situation oder der Sachverhalt durch den neuen Betrachtungsrahmen eine neue Bedeutung oder Bewertung erhält. Hierbei kann es das Ziel sein, die Aufmerksamkeit nicht auf Schwierigkeiten, sondern auf Lösungsmöglichkeiten zu richten.

Beim *Inhaltsreframing* wird das Verhalten unabhängig vom Kontext gewürdigt. Es wird als eine Kompetenz akzeptiert, jedoch im aktuellen Zusammenhang als unpassend betrachtet. Das bedeutet für eine Seminarleitung, das störende Verhalten eines Teilnehmenden als eine seiner Stärken anzuerkennen. Auch wenn diese Ressource nun in einem falschen Rahmen eingesetzt erscheint, ist die Eintrittskarte in ein konstruktives Gespräch nicht Verurteilung und Kritik, sondern Würdigung von vorhandenen Fähigkeiten. Es führt zu Widerstand, wenn wiederholt vermeintliche Fehler vorgehalten werden. Wird hingegen die eigene Kompetenz angesprochen, reagiert man aufgeschlossen.

Die Kursleiterin kann Herrn Sturs Stärken anerkennen: Er kann Präsenz zeigen, andere unterhalten und Informationen geben, er hat den Mut dazu, im Mittelpunkt zu stehen und die eigene Meinung zu vertreten, ohne sich dabei nach anderen zu richten usw.

BEISPIEL

Der gute Kern der Aussagen kann herausgestellt werden: „Eins muss Ihnen der Neid lassen, Sie können sehr unterhaltsam sein."

Oder: „Sie können gut auf sich aufmerksam machen."

Oder: „Sie wissen wirklich viel."

Oder: „Sie können sehr schnell auf andere reagieren."

Dem Verhalten wird ein positives Etikett gegeben. Dabei ist es günstig, jene Eigenschaften hervorzuheben, die für die gewünschte Verhaltensänderung hilfreich sind: „Sie sind stets bereit, anderen zu helfen …"

Ein wichtiger Effekt dieser Betonung von Stärken besteht in der Chance, zu verdeutlichen, dass sich frühere positive Reaktionen auf ein bestimmtes Verhalten heute ins Negative gekehrt haben. So kann diese Erkenntnis leichter in das innere Erleben der kritisierten Person aufgenommen werden und Veränderungsprozesse auszulösen: „Und dabei übertreten Sie manchmal die Grenzen."

Checkliste 10 enthält wichtige Hinweise, die beim Reframing beachtet werden sollten. (➔ Anhang II enthält eine Übung zur Technik des Reframings.)

CHECKLISTE 10

Reframing

- ☐ Geben Sie Ihrem Gegenüber das (indirekte) Signal: „Ich verstehe Sie".
- ☐ Bieten Sie ihm einen Anknüpfungspunkt für ein folgendes Gespräch.
- ☐ Stellen Sie keinen schnellen Trost oder Ratschlag bereit.
- ☐ Formulieren Sie Ihre Aussage lösungs- oder zielorientiert, um die negativen Gefühle nicht zu vertiefen (wie dies in dieser Situation beim klassischen aktiven Zuhören der Fall wäre).

7.2.4 Letzter Ausweg: das Einzelgespräch

Wenn die genannten Möglichkeiten, zu einer Verständigung zu kommen, ausgereizt sind und zu keinem akzeptablen Ergebnis geführt haben, kann sich der Kritisierte vermutlich im Augenblick tatsächlich kaum anders verhalten. Hinter dem unbremsbaren Redefluss und der unaufhaltsamen Selbstdarstellung liegt seelische Not verborgen, denn die Tatsache, dass jemand so große Probleme hat, sein Verhalten zu ändern, verweist sehr wahrscheinlich auf tieferliegende Schwierigkeiten. An diesem Punkt ist ein Einzelgespräch notwendig. Hier geht es jedoch nicht um therapeutische Hilfe, sondern um verbindliche Absprachen darüber, wie ein reibungsloser Unterricht gewährleistet werden kann. Es ist jedoch hilfreich, eine grobe Vorstellung davon zu haben, worin die Probleme des Teilnehmenden bestehen könnten.

Bei Herrn Stur aus dem Fallbeispiel könnte die Strategie, durch sein Reden Aufmerksamkeit zu bekommen, zu einem früheren Zeitpunkt einmal eine wichtige Hilfe bei der Erlangung oder Erhaltung des inneren Gleichgewichts gewesen sein. Weil dieses Muster erfolgreich war, hat er es angenommen und habitualisiert. Herr Stur hatte gelernt, mit Reden Aufmerksamkeit und (positive oder negative) Zuwendung zu erhalten. Auch wenn die Aufmerksamkeit, die er heute erhält, überwiegend ablehnenden Charakter hat, knüpft sie an vertraute Gefühle früherer Zeiten an.

Heute allerdings liegt der primäre Gewinn kaum noch darin, was bei den Zuhörern erreicht wird. Die Botschaft richtet sich nach innen, also an den Vielredner selbst: „So einer bin ich, voller Aktivität, Wissen und Charme, eben etwas Besonderes“ (Schulz von Thun 1989b, S. 233). Damit überdeckt er innere Einsamkeit und Leere. Die Aufmerksamkeit, die er mit seinem Verhalten erhält, kann ihm durchaus das Gefühl von Lebendigkeit vermitteln. So steht es denn für ihn auch gar nicht im Vordergrund, mit dieser Strategie Anerkennung und Wertschätzung von den anderen zu bekommen. Er hat sein Verhalten, weil es damals erfolgreich war und auch heute noch einen Zweck erfüllt, verinnerlicht. Wird es abgewertet, legt er nach und bringt noch mehr vom Gleichen, unbewusst und nach dem Grundsatz: Viel hilft viel. Zwar ist heute diese Strategie bei vielen Gelegenheiten kontraproduktiv, dennoch fällt es ihm äußerst schwer, sie zu ändern.

Es steht fest, dass dieses Verhalten wegen der tiefer liegenden seelischen Beweggründe durch Lernerfahrungen nur begrenzt beeinflussbar ist, denn diese Rolle zu verlassen, würde bedeuten, die Sicherheit aufzugeben, die Herr Stur mit diesem Verhalten im Laufe der Zeit erworben hat.

Die Kursleitung hat ein „Problem“ mit Herrn Stur. Also hat sie auch die Verantwortung für das Zustandekommen des Gesprächs. Man will allerdings keine Verhandlung mit offenem Ergebnis führen, sondern eine Verhaltensänderung bei Herrn Stur erreichen. Man kann sich deshalb an den Gesprächsschritten eines Kritikgesprächs orientieren, wie es sich für Situationen zwischen Vorgesetzten und Mitarbeitern bewährt hat. Es besteht aus den Schritten *Rahmensetzung*, *Information*, *Austausch der Sichtweisen*, *Lösungssuche*.

Phase 1 – Den Rahmen setzen

Die Kursleitung sollte vorab Klarheit darüber haben, mit welchem Ergebnis sie zufrieden sein kann und wie sie und der in der Kritik stehende Teilnehmende sicherstellen können, dass die getroffenen Vereinbarungen eingehalten werden. So hat sie einen Maßstab für den Erfolg. Ein Vorspann mit Smalltalk ist hier situativ wenig stimmig. Dies wirkte wie ein „Reden um den heißen Brei" wirken. Unklarheit über die Situation würde einen Nährboden für aufkeimende Ängste bereiten. Es würde die Seminarleitung auch besondere Kraft kosten, bei dem inhaltlichen Wechsel von freundlichem Smalltalk hin zu Kritik weiterhin zugewandt zu bleiben, denn mit dem Wechsel des Themas vom Leichten zum Schweren wechselt auch ihre Gefühlslage. Außerdem besteht die Gefahr, durch nettes Plaudern im Vorfeld die eigenen Aussagen abzuschwächen. Es gilt die Faustregel: Je unangenehmer ein Gespräch zu werden droht, desto schneller sollte man zur Sache kommen. Um das Gegenüber nicht zu überrumpeln und einen akzeptablen Einstieg zu finden, sollte die Leitung den Rahmen des Gesprächs setzen: „Es geht mir nochmals um das Thema, wie viel Raum Sie sich im Verhältnis zu den anderen nehmen. Sie wissen, dass Sie gern für andere reden oder anderen ins Wort fallen. Auf meine konkrete Ansprache hin hatten Sie sich verständnisvoll gezeigt. Und ich hatte Ihnen geglaubt, dass Sie sich daran halten. Mein Ziel für dieses Gespräch ist es, sicherzustellen, dass wir eine dauerhafte Vereinbarung erreichen, an die Sie sich auch halten können." Ein solcher Einstieg drückt die Erwartungen und eigenen Absichten klar aus.

Ein anderer Einstieg könnte mit einer Vereinbarung über die Vorgehensweise gesetzt werden: „Herr Stur, ich möchte mich gerne mit Ihnen über das Lernklima in dieser Gruppe unterhalten. Es liegt mir auf der Seele, dass sich einige gestört fühlen. Bitte lassen Sie uns gemeinsam überlegen, wie wir eine störungsfreie Atmosphäre schaffen können." Mit dieser Rahmensetzung ist ein stärker konsensorientiertes Vorgehen umrissen. Das Thema eingrenzen, den aktuellen Stand rekapitulieren oder die Probleme ansprechen – dies sind Einstiegsmöglichkeiten, die einen Gesprächsrahmen setzen und so einen gemeinsamen Ausgangspunkt schaffen.

Phase 2 – Die eigene Sicht und die Erwartung formulieren

Wenn der Gesprächsgegenstand vereinbart ist, wenn also der Gesprächspartner zugestimmt hat, werden über ein *Reframing* (➜ Kap. 7.2.3) seine Stärken angesprochen: „Sie wissen sicher, dass Sie der Gruppe viele originelle Ideen und Anregungen schenken." *(Pause, Worte wirken lassen)* „Leider ist es hier wie in den meisten dieser Situationen. Wenn es vom Guten zu viel gibt, wird man dessen überdrüssig. Und dieser Zustand ist leider erreicht, Herr Stur!"

Die Weichen für ein positives Gespräch werden richtig gestellt, wenn sich die zu kritisierende Person ihrem eigenen Selbstverständnis entsprechend wahrgenommen fühlt, wenn die zu beanstandenden Fakten benannt werden und das konkrete Verhalten kritisiert wird, ohne das Gegenüber als zu respektierenden Menschen in Frage zu stellen.

Phase 3 – Sichtweisen austauschen und Argumente einsetzen

Im Gespräch kommt nun die Phase des Zuhörens, in der die Hintergründe des Handelns verständlich gemacht werden sollen. Auch in Situationen, in denen es um Klärung von Standpunkten oder Beziehungen geht, sollten an dieser Stelle Gemeinsamkeiten, Gegensätze und Hintergründe ausgeleuchtet werden. Im hier dargestellten Beispiel ist dies allerdings wenig zielführend, weil potenzielle Streitpunkte ausgeweitet werden könnten. Das ist nicht im Interesse des Kursleitenden, denn die Zusammenarbeit mit dem Teilnehmenden ist befristet und die zur Verfügung stehende Gesprächszeit knapp. Frau Hurtig kann Herrn Stur im gegebenen Rahmen wohl kaum helfen, sein problematisches Verhalten vollkommen abzulegen. Deshalb hält sie diese Gesprächsphase kurz.

Ganz verzichten kann sie auf diese Phase jedoch nicht, weil sie nicht nur zielorientiert, sondern auch verständigungsorientiert vorgehen will. Der Veränderungswille des Teilnehmers wird nämlich auch von seinem Verhältnis zur Leitung beeinflusst. Daher muss ihre Aufmerksamkeit auch ihm und nicht nur ihren eigenen Argumenten gelten. Dennoch fokussiert sie das Gespräch bald auf mögliche Lösungen für dieses Seminar. Ein Effekt dieser Strategie ist es, dass sie vermeidet, den Gesprächspartner in eine Rechtfertigungshaltung zu treiben. Mit festem Ton kann Frau Hurtig nun signalisieren, dass Grenzen erreicht sind, und versuchen, ihn mit gezielten Fragen in die Verantwortung einzubinden: „Ich kann nicht länger hinnehmen, dass Sie die Gruppe so dominieren." Oder: „Haben Sie beobachtet, dass..."

Sie hofft darauf, dass dies eine verunsichernde Wirkung hat und so sein Einlenken fördert. Schließlich drückt sie freundlich ihren Wunsch nach Kooperation aus. Damit wird eine *kognitive Dissonanz* (Festinger 1978) erzeugt, ein innerer Zwiespalt zwischen der kognitiven Einsicht, sich verändern zu müssen, und dem impulsiven Gefühl, spontan sein Wissen verbreiten zu wollen. Dieses innere *Dissonanzerleben* drängt auf Übereinstimmung: Entweder der Teilnehmende folgt seinem Verstand oder bleibt Gefangener des eigenen Gefühls. So beeinflusst man seinen inneren Zwiespalt gezielt durch die sachlich klare Konfrontation und als Einladung zu einem neuen Verhalten.

Auch in schwierigen Gesprächen ist es selten nützlich, Drohungen auszusprechen. Sie verhärten die Fronten. Eskalation wird üblicherweise mit Eskalation beantwortet. Eine klare Botschaft, vorgetragen mit fester Stimme und einem Ton, der nicht zweifeln lässt, ist wesentlich konstruktiver. Ein weiterer Vorteil dieser Gesprächsstrategie, die dem Gegenüber Brücken baut und Zugeständnisse macht, ist, dass höchstwahrscheinlich Bewegung in starre Positionen kommt und ein Kompromiss möglich wird.

Phase 4 – Vereinbarungen treffen

Wenn Frau Hurtig Herrn Stur mit Engelszungen überreden würde, wären Rückfälle wahrscheinlich. Wirkungsvoller sind Vereinbarungen mit aufrichtiger Beteiligung beider Seiten. Dafür ist es nützlich, Vorschläge zu erfragen. Dabei muss Frau Hurtig auch überlegen, wie sie Herrn Stur an seine Vorsätze erinnern könnte, wenn er in seinen alten Stil zurückzufallen sollte.

Eine Gefahr bei der Einigung über das zukünftige Verhalten sind leere Absichtserklärungen, die nicht durch Realismus oder guten Willen gedeckt sind. Sie sollten mit konkreten Fragen auf ihren Gehalt hin überprüft werden. Aber auch die Leitung kann ein Scheitern verursachen, indem das

Gegenüber zu stark bedrängt und so Widerstand provoziert, den es jetzt vielleicht nicht mehr offen ausficht; stattdessen liefert es nur Lippenbekenntnisse. Haben die beiden eine Änderung des Verhaltens vereinbart, ist es sinnvoll, dass die Leitung diese Vereinbarung abschließend noch einmal zusammenfasst oder wiederholt, um ihr mehr Nachdruck zu verleihen und um Missverständnisse auszuschließen.

Ein Kritikgespräch stellt nur eine Einladung zur Veränderung dar. Ob das Gegenüber diese Einladung annimmt, liegt nicht in der Macht der Leitung, denn hier sind Verhaltensänderungen freiwillig. Das Gespräch lohnt sich jedoch auch schon deshalb, weil es Gelegenheit bietet, den aufgestauten Ärger loszuwerden. Denn auszusprechen, was einem auf dem Herzen liegt, statt den Ärger in sich hineinzufressen, entkrampft auch die Beziehung zum Gegenüber. Zur Vorbereitung sind folgende Überlegungen hilfreich:

1. Das geforderte Verhalten muss so formuliert sein, dass es genau messbar ist; beispielsweise soll die maximale Redezeit eine Minute betragen. „Sich kürzer fassen" ist interpretationsfähig.
2. Ein weiteres Ziel ist es, den Zeitrahmen kurz halten: die Gefahr des Überredens ist geringer und das Gespräch wird nachdrücklicher, wenn es keinen ausgiebigen Austausch der Argumente gibt.
3. Um nötigen Nachdruck zu erreichen, muss ausreichend Entschiedenheit zur Verfügung stehen. Energie lässt sich sammeln, indem zur Vorbereitung mit lautem Probesprechen die stärksten Argumente gesammelt und ein entschiedener Standpunkt vertreten wird.
4. Trotzdem ist es wichtig zu bedenken, dass die ersten Sekunden darüber entscheiden, in welcher Rolle das Gegenüber die Leitung wahrnimmt, ob als Gegner oder Unterstützer. Jemanden so anzusprechen, wie er sich selbst gern sieht, ist der Schlüssel zu gutem Kontakt.
5. Je nach Temperament ist daran zu denken, dass allein eine gewisse Lautstärke dazu führt, dass Stresshormone freigesetzt werden, die eine flache Atmung bewirken können, die dann zu eingeschränkter Wahrnehmung führen kann.

Als gutes Diagnose- und Analyseinstrument für den Gesprächsverlauf ist das *Kommunikationsquadrat* (➔Kap. 7.2.1) ein hilfreiches Instrument zur Gesprächsvorbereitung. Sechs Aspekte bestimmen die Strategie für ein Gespräch mit schwierigen Teilnehmenden (➔Checkliste 11).

CHECKLISTE 11

Strategie für ein Gespräch mit schwierigen Teilnehmenden

Schritt 1 – Bestimmen Sie Ihr Gesprächsziel (Sache)

- ☐ Ist der Sachverhalt klar geworden?
- ☐ Ist Ihr Anliegen begründet?

Schritt 2 – Legen Sie unverzichtbare Mindestanforderungen fest (Appell)

- ☐ Haben Sie Ihre Wünsche/Forderungen deutlich gemacht?

Schritt 3 – Erforschen Sie die Situation des Gegenübers (Selbstkundgabe)

Schritt 4 – Machen Sie die Grenzen ihrer Kompromissbereitschaft deutlich (eigene Selbstkundgabe und Appellseite)

- ☐ Nutzen Sie Ich-Aussagen, Bleiben Sie entschieden im Tonfall und releativieren Sie Ihre Aussagen nicht.

Schritt 5 – Bauen Sie Brücken, statt Gräben aufzureißen (Sach- und Beziehungsseite)

- ☐ Unterstellen Sie positive Absichten – jedenfalls keine negativen. Stellen Sie auch das gemeinsame Ziel in den Mittelpunkt.

Schritt 6 – Stehen Sie als Person entschieden zu Ihren Bedürfnissen (Selbstkundgabe- und Beziehungsseite)

FAZIT

- Um Vielredner dazu zu bringen, ihr Verhalten zu ändern, sind abgestufte Interventionen wie Unterbrechen, Regeln setzen und Ich-Botschaften nützlich.
- Das Modell der vier Ebenen des Problembewusstseins kann helfen, die richtige Auswahl von Argumenten zu treffen.
- Verhaltensänderungen werden erleichtert, wenn Leitende als Ausgangs- und Bezugspunkt die Stärken des Gegenübers mit der Methode des Inhaltsreframings würdigen können.
- Weil Kursleitende die Verantwortung für den Gruppenprozess tragen, sollten sie in besonders schwierigen Fällen ein Vier-Augen-Gespräch führen, dass sich mit Hilfe des Vier-Phasen-Konzepts vorbereiten und steuern lässt.
- Aus dem Nachrichtenquadrat abgeleitete strategische Verhaltensregeln geben eine sichere Orientierung für schwierige Gespräche.

8. Widerstand als Signal verstehen

8.1 Der Konflikt

Lernaktive Methoden, wie Rollenspiele, können von den Teilnehmenden eines Kurses sehr unterschiedlich aufgenommen werden, wie das folgende Beispiel zeigt.

BEISPIEL

Bis eben lief alles noch wie am Schnürchen. Es ist der Nachmittag des ersten Seminartages eines Konflikttrainings. Die Trainerin Sabine Schlau war bis vor zwei Minuten noch ganz zufrieden. Doch jetzt ist alles anders, denn soeben meldete sich Herr Dr. Wisser zu Wort. Der Teilnehmer, ein Abteilungsleiter, der mit allen Wassern gewaschen ist, lieferte bisher viele konstruktive Beispiele und stellte auch gern mal eine kritische Frage. Jetzt warf er ein: „Rollenspiele sind kindisch, die Wirklichkeit sieht ganz anders aus. Viel zu aufgesetzt und nicht praxisnah. Das können wir doch anders viel besser machen, Frau Schlau." Blitzschnell springt ihm Frau Brummig zur Seite: „Rollenspiele möchte ich aus persönlichen Gründen nicht mitmachen!" Eifrig schlägt Frau Denk vor: „Ich hätte vorher gern noch etwas Theorie, dann können wir nämlich das Gelernte gleich integrieren." Herr Bärbeiß befindet: „Weder Theorie noch Rollenspiele. Rollenspiele kosten viel zu viel Zeit, und über den theoretischen Ansatz können wir später noch philosophieren."

Die Trainerin blickt in die Runde, keine Unterstützung für sie weit und breit erkennbar, stattdessen fast überall ablehnende Körperhaltungen und skeptische Gesichter. Sie ist verunsichert. Mit dem Schreck über den unerwarteten Widerstand kommt die Angst, dass die Situation außer Kontrolle gerät. Sie schwankt zwischen Ärger und Hilflosigkeit. Der folgende Seminarteil ist auf die Rollenspiele und ihre Auswertung aufgebaut. Die Katastrophe scheint unabwendbar.

Sabine Schlau atmet tief durch und nimmt eine selbstsichere Haltung ein. Dann denkt sie daran, dass die Verantwortung für ein gelungenes Seminar schließlich nicht allein auf ihren Schultern lastet und dass es zwecklos ist, gegen so viel geballte Energie anzugehen. Sie versteht diesen Widerstand als Signal, dass äußere Bedingungen es den Teilnehmenden schwer machen, auf ihren Wunsch nach Rollenspielen einzugehen.

Frau Schlau interpretiert die Verweigerung als Schutzhaltung der Teilnehmenden, die diese einnehmen, um nicht in Situationen zu geraten, die sie überfordern könnten. Sie verbündet sich also mit dem Widerstand der skeptischen Gruppenmitglieder und drückt ihren Respekt vor deren Haltung aus: „Ich möchte Sie natürlich nicht zu Aktionen nötigen, von denen Sie im Augenblick nicht wirklich überzeugt sind. Ganz im Gegenteil, ich bevorzuge die Methoden, die Ihnen auch Spaß machen."

Sie weiß, wenn die Teilnehmenden sicher sind, dass nichts gegen ihren Willen geschieht, brauchen sie ihre Energien nicht für den Widerstand gegen Rollenspiele zu mobilisieren. Sie findet noch einige Worte, um die positiven Aspekte dieses Verhaltens zu würdigen. Immerhin wissen die Teilnehmenden genau, was sie nicht wollen – und sie können dazu stehen.

Als erfahrene Trainerin kennt Sabine Schlau die Formen, in denen der Widerstand gegen neue, unbekannte oder Ängste fördernde Methoden zum Vorschein kommt.

ÜBERSICHT

Formen des Widerstandes gegen lernaktive Methoden

- Die Teilnehmenden weigern sich aus persönlichen Gründen mitzuspielen. Dabei bleibt es unklar, ob dies aus Angst geschieht oder ein echtes Handicap dahinter steckt.
- Die Methode wird pauschal als unsinnig abgelehnt und abgewertet oder für die aktuelle Situation oder die anwesenden Gruppenmitglieder für nicht passend erklärt.
- Die Methode wird hinterfragt, diskutiert, mit Verbesserungsvorschlägen bedacht und dabei zerredet.
- Es kommen viele Nachfragen zum geplanten Vorgehen.
- Die Teilnehmenden finden keine oder nur abstrakte oder belanglose Themen und verlieren ihre Motivation.

Angesichts des Widerstands verschiebt die Kursleiterin ihre Absicht, mit Rollenspielen zu arbeiten, und sie überprüft nochmals systematisch, wie sie die Gruppe auf die anstehenden Übungen eingestimmt hat, um so mögliche eigene Fehler zu entdecken.

Lernaktive Methoden, wie Rollenspiele und andere mit Selbstdarstellung oder Selbsterfahrung verbundene Spiele und Übungen, erfordern Mut. Auch der Einsatz von Video gehört dazu. Manche fürchten sich z.B. davor, dass sie in den Aufmerksamkeitsfokus der anderen Gruppenmitglieder kommen und sich bewähren müssen. In ihren Augen besteht die reale Gefahr, unfreiwillig und versehentlich viel mehr von sich selbst preiszugeben als beabsichtigt. Darüber hinaus gibt es bei vielen Menschen Vorbehalte gegen unbekannte, einer „fremden" Lernkultur entstammende Methoden. Ihr Einwand ist oft, dass „Spielen" für Menschen, die eifrig an ihrem Erfolg arbeiten wollen, eher Zeitverschwendung ist. Viele glauben auch, besondere Kreativität erbringen zu müssen, und das setzt sie zusätzlich unter Stress. Manche Teilnehmende exponieren sich trotz guten Wissens und Könnens ungern, weil sie fürchten, ihre Gefühle offen zeigen zu müssen. Außerdem drängt sich stets allen die Frage auf, wie wohl die anderen den eigenen Einsatz bewerten. Je unklarer es ist, welche Leitung erwartet wird, desto mehr Befürchtungen stellen sich ein.

Deshalb ist eine kurze Erklärung wichtig, warum genau jetzt diese Methode eingesetzt werden soll. Es hilft wenig, auf mögliche Schwierigkeiten hinzuweisen oder gar die Methode selbst zu problematisieren. Schließlich geht es darum, die Teilnehmenden für das Neue zu gewinnen.

8.2 Lösungsstrategien

8.2.1 Verbeugen durch Vorbereitung

Verhaltenssicherheit herstellen

Methoden, bei denen sich die Teilnehmenden exponieren müssen, sind leichter einzusetzen, wenn es zuvor Zeit und Gelegenheit gab, sich gegenseitig besser kennen zu lernen. Dann nämlich sind die Reaktionen der anderen berechenbarer. Wer sich persönlich mit seinen Stärken und Schwächen einbringen will, der benötigt Erwartungssicherheit, beispielsweise die Gewissheit, nicht ausgelacht zu werden. Deshalb erfordert die Einführung von Methoden, die Skepsis auslösen, ein fehlerfreundliches Lernklima. Weniger Widerstand gibt es, wenn neue Methoden erst in der zweiten Phase des Gruppenprozesses eingesetzt werden, weil dann schon Vertrauen gewachsen ist. Der Wunsch, zur Geltung zu kommen, wird nun stärker.

Die Teilnehmenden für das Thema begeistern

Vor der Wahl der Methode kommt die Annäherung an das Thema. Die Teilnehmenden brauchen Gelegenheit, ihr Interesse daran zu entdecken. Kleingruppen können sich beispielsweise bestimmten Facetten des Themas zuwenden; die Teilnehmenden können diese dabei auf ihre persönliche Situation beziehen. Bewegung durch Platzwechsel fördert stets die Aufgeschlossenheit und die Veränderungsbereitschaft. So können in den vier Raumecken jeweils Schwerpunkte des Themas angeboten werden und die Teilnehmenden können den thematischen Schwerpunkt wählen, den sie am interessantesten finden.

Ein anderer Zugang, ein Thema zu erschließen, läuft über die Aktivierung der Gefühle. Die Teilnehmenden können z.B. aufgefordert werden, durch den Raum zu gehen und dabei verschiedene Körperhaltungen einzunehmen, mit denen sie Gefühle ausdrücken, die sich bei der Bearbeitung des Themas einstellen könnten. Dieses Imaginieren verstärkt die Gefühle und damit die Bereitschaft, sich mit dem Thema auseinanderzusetzen.

Sich selbst erfüllende Prophezeiungen nutzen

Wollen Kursleitende Rollenspiele in ihrem Unterricht einsetzen, so ist es wichtig, dass sie auf die Leistungsfähigkeit ihrer Methoden vertrauen. Optimismus lässt sich den Teilnehmenden gegenüber in vielfältiger Weise ausdrücken. Fehl am Platz ist die bei anderen Gelegenheiten so gut geeignete Frage: „Was macht es Ihnen jetzt schwer mitzumachen?“ Denn jetzt gilt es nicht, für Schwierigkeiten Verständnis zu zeigen, sondern, die Entschlusskraft zu stärken. Eine geeignete Aussage wäre etwa: „Sie finden schon eigene Ideen zur Umsetzung.“

Dies gibt die richtige Richtung vor. Diskussionen können wohl willkommen sein – aber erst nach dem Spiel. Sonst wird der Elan zerredet.

Konkrete Ziele fördern

Nachdem das Thema in der Gruppe präsent geworden ist, ist es wichtig, das Anliegen jedes Gruppenmitglieds, das sich beteiligen soll, zu konkretisieren. Hierfür brauchen die Teilnehmenden Zeit, um ihre Ziele genau zu bestimmen. Eine Nachdenkpause, eine Phantasiereise, das Malen eines

Bildes oder einer Skizze oder die Wahl von Symbolen, die für das zu bearbeitende Anliegen stehen, können helfen, Überlegungen auf den Punkt zu bringen. Projektive Verfahren, wie die Wahl von Symbolen oder das Malen von Bildern, bewirken ein intuitives Herangehen, das es möglich macht, Unbewusstes oder verdrängte Anteile mit einzubeziehen. So werden Gedanken und Gefühle angeregt.

Den Nutzen für den Einzelnen herausstellen

Mit Rollenspielen ist die individuelle Bearbeitung von mitgebrachten Themen leicht möglich. Der Nutzen für den Einzelnen ist dadurch ausgesprochen groß. Der Wert für die Gruppe liegt, neben der mitzuerlebenden Lösung oder zumindest Bearbeitung einzelner Anliegen, in der hinterher erfolgenden Verallgemeinerung der konkreten Lösungsideen. Darüber hinaus findet lebendiges Lernen statt.

Startschwierigkeiten senken

Eine niedrige Einstiegshürde für Rollenspiele kann auch durch das im Folgenden beschriebene Vorgehen geschaffen werden. Ob die Kursleiterin damit möglicherweise Abstriche am Trainingskonzept für das Seminar hinnehmen muss oder ob der vereinfachte Einstieg doch noch zu intensiverem Vorgehen überleitet, entscheidet sich nach den ersten Übungen.

Die Gruppenmitglieder bilden Paare und alle Paare handeln gleichzeitig. So gibt es keine verunsichernden Beobachter. Die Neugier wird weiter angeregt, wenn die Aktivität nach kurzer Zusammenarbeit mit neuen Partnern fortgesetzt wird. Wenn alle Paare die gleiche Aufgabenstellung bearbeiten, bietet sich eine weitere Möglichkeit der Unterstützung. Teilnehmende mit der gleichen Aufgabe können sich zur Vorbereitung des Rollenspiels jeweils in einer eigenen Gruppe zusammenfinden.

Das erleichtert einerseits die Aufgabe, weil Ideen zur Bewältigung ausgetauscht werden können, andererseits steigt durch die qualifizierte Vorbereitung auch der selbst erzeugte Leistungsdruck, das Gehörte umzusetzen. Schließlich hilft auch die Möglichkeit, jederzeit aus dem Spiel aussteigen zu können. Ein symbolischer Stafettenstab, der jederzeit an einen neuen Akteur weitergegeben werden kann, fördert den Mut einzusteigen.

8.2.2 Mit Widerstand umgehen

In unserem Beispiel haben sich die Teilnehmenden geweigert, bei Rollenspielen mitzuwirken. Die Kursleiterin Sabine Schlau hatte sich angesichts des Widerstandes entschlossen, ein anderes Vorgehen für das Bearbeiten des Seminarthemas „Konflikte" zu wählen.

Prinzipiell bieten sich ihr vier Möglichkeiten, mit dem Widerstand umzugehen. Erstens kann sie den *Widerstand akzeptieren* und einen anderen Vorschlag bringen. Die Schwierigkeit liegt dann darin, das passende Vorgehen auszuwählen. Gelingt es ihr, die Stimmung richtig zu erfassen, so verspricht diese Strategie in der Orientierungsphase zu Beginn des Gruppenprozesses am meisten Erfolg, weil die Gruppe noch überfordert ist, wenn sie selbst entscheiden muss.

Die zweite Möglichkeit besteht darin, *auf die Durchführung der Rollenspiele zu bestehen*. Die Botschaft an die Teilnehmenden lautet sinngemäß: „Vertrauen Sie mir. Ich bin die Kursleiterin und meine Erfahrung sagt mir, dass diese Methode Sie am besten voranbringt. Kritik darf sein, aber erst nachdem Sie die Methode erprobt haben." Der Erfolg dieses Vorgehens hängt dabei von ihrer Autorität sowie von der Stärke und den Gründen des Widerstands ab. Sie läuft allerdings Gefahr, dass die Teilnehmenden, wenn sie überredet statt überzeugt werden, wenig engagiert mitarbeiten.

Bei der dritten Variante verschafft sich die Kursleitende zunächst Einblick in die Stimmungs- und Gefühlslage der Gruppe. Das Ergebnis nutzt sie als Ausgangspunkt, um *sich gemeinsam mit der Gruppe auf ein Vorgehen zu einigen*. Das ist die beste Entscheidung in der Phase der Arbeitslust und Produktivität: Zu diesem Zeitpunkt haben sich bereits gefestigte Arbeitsbeziehungen entwickelt, die tragfähig genug sein sollten, eine akzeptable Lösung für alle oder zumindest für die Mehrheit zu finden.

Wenn die Bearbeitung der entstandenen Situation im Rahmen der vereinbarten Lernziele untergebracht werden kann, eröffnet sich eine weitere, vierte Möglichkeit. Die Kursleitung kann im Hier und Jetzt arbeiten. Dann würde sie die entstandene Situation als Konflikt deuten und als methodischen Ausgangspunkt für die Arbeit mit Konflikten nehmen. Der Vorteil dieses Vorgehens besteht darin, eine authentische Situation zu bearbeiten.

Unmittelbar am Klärungsprozess beteiligt zu sein, ermöglicht auch, die dabei entstehenden Gefühle mit einzubeziehen.

8.2.3 Verhaltensmuster verstehen und berücksichtigen: das Riemann-Kreuz

Rollenspiel oder Referat, Test oder Phantasiereise haben ihre begeisterten Anhänger und ihre entschiedenen Gegner. Dies liegt nicht nur daran, wie solche Lernangebote dargeboten und präsentiert werden oder welche Themen sie bedienen. Lernen in der Gruppe berührt auch die lebensgeschichtlich erworbenen Verhaltensmuster der Teilnehmenden. Diese bestimmen die Vorlieben und die Herangehensweisen an Probleme. Sie beeinflussen die eigenen Prinzipien, Ängste und Leidenschaften (Stahl 2002). Daraus leiten sich die Art zu kommunizieren und die der Präsenz in der Gruppe ab.

Auf der Basis psychoanalytischer Überlegungen hat der Forscher Fritz Riemann verschiedene Verhaltensmuster menschlichen Grundängsten zugeordnet. So kommt er zu vier *Grundstrebungen* (Riemann 2003), denen jeweils bestimmte Persönlichkeitsstrukturen entsprechen. Thomann u.a. haben das Modell um viele praxisnahe Beispiele jenseits der Neurosenlehre erweitert, sodass auch vom „Riemann-Thomann-Kreuz" gesprochen wird (Stahl 2002; Thomann 2004; Thomann/Schulz von Thun 2005).

Riemann definiert vier Grundängste, die alle Menschen in bestimmter Weise strukturieren. Diese leitet er aus den Bezugssystemen *Raum* und *Zeit* ab. Die Positionierung im Raum, also das Bestimmen von Distanz und Nähe zu anderen Menschen, prägt die Art und Weise des Kontakts. Das Bezugssystem Zeit prägt die Einstellung zu Veränderung und Kontinuität. Menschen benötigen in unterschiedlichem Maß Abwechslung oder Beständigkeit.

Menschen gewinnen ihr Profil dadurch, dass die Grundstrebungen in der Richtung des einen oder anderen „Pols" ausgeprägt sind. Wer stark nach Abwechslung und Neuem strebt, ist z.B. auf dem Pol *Wechsel* zuhause. Darüber hinaus zeigt die Kombination beider Bezugssysteme das *seelische Heimatgebiet* an. Zum ausgeprägten Bedürfnis nach Abwechslung und Veränderung kommt noch das Bedürfnis nach Abgrenzung hinzu, um die eigene Individualität unverwechselbar darzustellen.

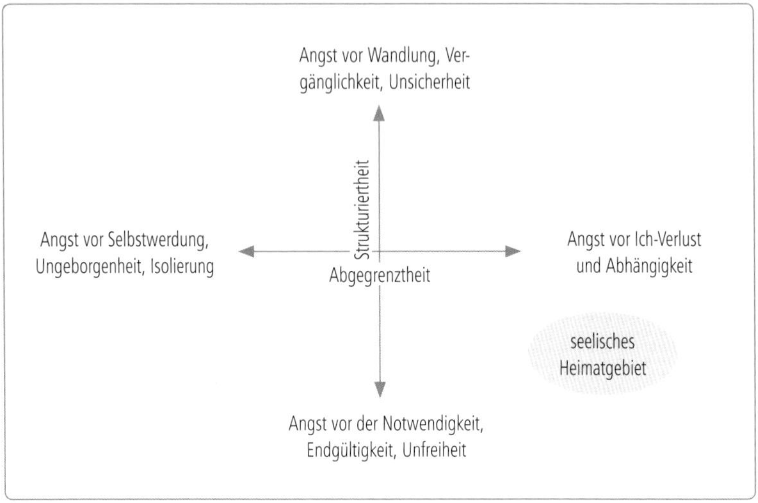

Abbildung 9: Die vier Grundängste (Quelle: In Anlehnung an Stahl 2002)

Das dem eigenen Pol oder dem seelischen Heimatgebiet gegenüberliegende Feld repräsentiert die Verhaltensweisen oder Einstellungen, die einer Person eher fremd erscheinen und die von ihr weniger geschätzt werden.

Die Beschreibung des Riemann-Kreuzes erfolgt nach jeweils drei innerhalb einer Grundstrebung besonders aussagekräftigen Begriffen, auf die in der Beschreibung der Grundtypen *Dauermensch*, *Wechselmensch*, *Distanzmensch* und *Nähemensch* genauer eingegangen wird.

Bezogen auf die Lerngruppe verdeutlicht das Riemann-Kreuz, weshalb bestimmte Arbeitsformen bei den einen auf die neugierige Bereitschaft zum Mitmachen treffen, während sie bei den anderen Widerstand auslösen. Es erklärt, weshalb die einen bei einem Vorgehen besonders gern lernen, während die anderen daran verzweifeln, und weshalb die einen den Kontakt zum Lernnachbarn brauchen, während anderen dieser völlig gleichgültig ist.

Durch die Konzentration auf wesentliche Merkmale treten Unterschiede stärker hervor. Das ist nützlich, denn wer das Wesentliche erkennen will, muss wissen, was den Unterschied ausmacht. So kann ein Raster – trotz seiner Vereinfachung – die Blickrichtung auf die Ausprägungen lenken, die die typischen Verhaltensmuster kennzeichnen.

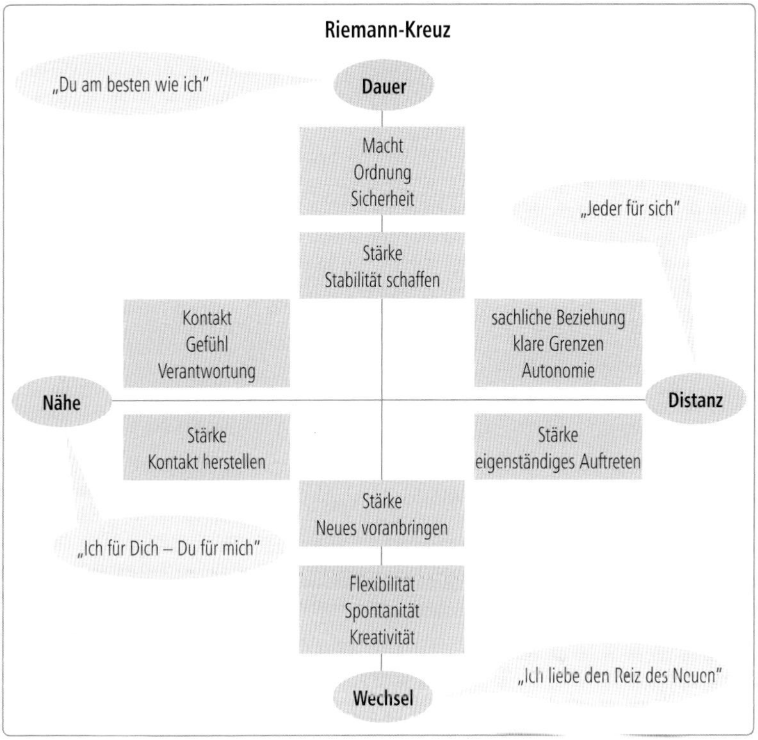

Abbildung 10: Das Riemann-Kreuz (eigene Darstellung)

Den vier Grundstrebungen entsprechen vier Typen von Menschen, die durch unterschiedliche Eigenschaften und Vorlieben bzw. Abneigungen gekennzeichnet sind und die deshalb unterschiedliche Seminarformen und Methoden bevorzugen. Die Einordnung der Gruppenmitglieder in ihr seelisches Heimatgebiet im Riemann-Kreuz ergibt das *Gruppenfeld*.

Das Modell erleichtert die zielgerichtete Planung des Seminareinstiegs, weil es den Blick für die gemeinsamen Verhaltensmuster der Teilnehmenden schärft. Häufig wird mit einem Seminarthema ein bestimmter Adressatenkreis angesprochen. Ein Seminar, das sich an Menschen in bestimmten Berufsrollen richtet, die auch in der gleichen Branchenkultur tätig sind, ist homogener als eine Gruppe, die aus einem breit gestreuten Publikum besteht. Das führt dazu, dass ähnliche Verhaltensmuster – wie etwa formelle und distanzierte Verhaltensweisen oder aber lockeres und spontanes Aufeinanderzugehen – in Seminaren, die sich an eine spezifische Gruppe wenden, stärker ausgeprägt sind.

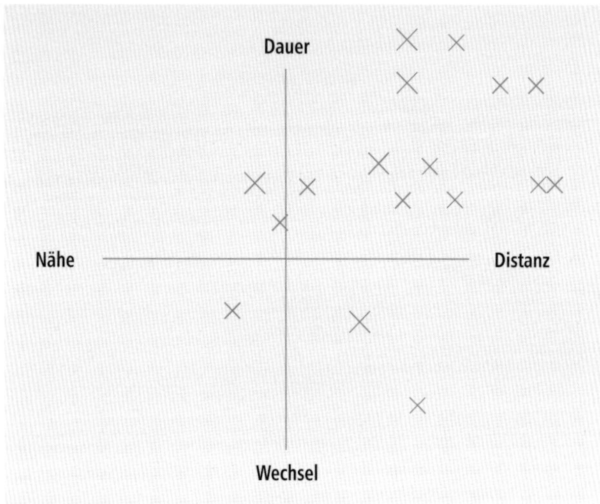

Abbildung 11: Das Gruppenfeld – Die Gruppenmitglieder in ihrem seelischem Heimatgebiet (eigene Darstellung)

Kursleitende können daher zu Beginn des Seminars an die Konventionen dieser (erwarteten) Mehrheit anknüpfen, um das Thema zielgruppengerecht einzuleiten – denn obwohl sich zu Beginn alle noch zurückhalten und deutliche Ausprägungen in Richtung eines Pols des Riemann-Kreuzes noch nicht erkennbar sind, bringen doch alle Gruppenmitglieder ihre eigene Vorstellung von der Art zu lernen und zusammenzuarbeiten mit, die bei Gruppen mit ähnlichem Hintergrund recht einheitlich sein kann.

Im Folgenden werden die vier Menschentypen beschrieben, von denen Riemann ausgeht.

Der Dauermensch

Viele der positiven und negativen Eigenschaften des Dauermenschen erfordern Kontinuität und Ausdauer. Er ist pünktlich, systematisch, zuverlässig, genau, energisch, zielstrebig, aber auch kleinlich, pedantisch, verbissen, streberhaft, langweilig, unflexibel, beherrschend. Sein Motto könnte lauten: „Mach's am besten so wie ich."

Sicherheit

Der Dauermensch ist jemand, der die Konsequenzen seines Handelns genau abwägt. Entscheidungen fallen ihm deshalb schwer. Wenn er sich festgelegt hat, dann gilt sein Wort. Das erwartet er auch von anderen. Auf seine Zuverlässigkeit ist er stolz. Unpünktliches Erscheinen ist für ihn ein Bruch von verbindlichen Normen. Er greift lieber auf Bewährtes zurück, statt mit Neuem zu experimentieren. Fakten und Tatsachen vermitteln ihm Gewissheiten und sichere Orientierung; die Welt der Gefühle dagegen macht ihn unsicher. Im Mittelpunkt steht für ihn das Lernen, ein in seinen Augen vor allem gedanklicher Prozess. Zeitverschwendung oder das, was er dafür hält, nervt ihn. Auch wenn das Lernen oder andere seiner Vorhaben wenig Spaß machen, beißt er sich durch, wenn es ihm wichtig erscheint.

Ordnung

Klare Strukturen sind dem Dauermenschen wichtig. Droht ihm die Arbeit über den Kopf zu wachsen, macht er sich gern eine Liste, in der er die Reihenfolge der zu erledigenden Dinge festlegt. Zum Wunsch nach übersichtlichen Strukturen passt sein nahezu perfektes Zeitmanagement. Kleine Dinge werden sofort erledigt, damit die Übersichtlichkeit erhalten bleibt. Umfangreicheres wird sorgfältig geplant. Kleine Schritte als habituelle Gangart signalisieren, dass ihm Details und ein klares Konzept wichtig sind. Er möchte die Realität Schritt für Schritt überprüfen. Auch privat liebt er keine Überraschungen. Wer ihn besuchen möchte, sollte vorher besser einen Termin mit ihm vereinbaren. Er möchte, dass Dinge ihren festen Platz haben. So bewirkt ein chaotisch anmutender Seminarraum, der für einen Wechselmenschen fleißige Arbeit dokumentiert, bei ihm eher Unwohlsein. Selbstverständlich hat er im Seminar seinen Lieblingsplatz, den er sich nicht streitig machen lässt. Auch sonst prägen feste Gewohnheiten sein Leben, von seiner Lieblingstasse bis zum angestammten Urlaubsort. Seine Prinzipientreue lässt ihn schnell in Grundsatzdiskussionen abgleiten. Weil er Unterlagen als wichtig erachtet, ist er eher als andere bereit, ein notwendiges Protokoll zu schreiben.

Macht
Um keine unliebsamen Überraschungen zu erleben, besitzt er ein offensives Kontrollbedürfnis. So hat er die Tendenz, anderen vorzuschreiben, wie sie sich am besten verhalten sollten. Dagegen mag er es überhaupt nicht, von anderen Teilnehmenden kritisiert oder verbessert zu werden. Wenn die Führung nicht eindeutig erkennbar ist, greift er gern mit seiner sachlichen und strukturierten Art ein und übernimmt Leitungsaufgaben. In Konkurrenzsituationen fühlt er sich schnell herausgefordert und möchte beweisen, dass er besser ist. So neigt er dazu, Kursleitenden wie Teilnehmenden Ratschläge zu erteilen oder Vorschriften machen zu wollen. Wenn er den Inhalt des Seminars für wichtig hält, bleibt er dabei, auch wenn er die Lust daran verliert.

ÜBERSICHT

Seminarformen und Methoden, die der Dauermensch bevorzugt:

- sorgfältige Zeitplanung
- übersichtliche Abläufe
- klare Ziele
- transparente Planung mit einleuchtender Struktur
- schrittweises und systematisches Vorgehen
- ein strukturiertes Skript oder ein übersichtliches Lehrwerk
- ein informativer Vortrag
- Theorievermittlung und Information über Hintergründe
- Übungen in festen Gruppen mit bekannten Partnern und klarer Rollenverteilung
- Einzelarbeit nach klaren Vorgaben mit Lösungsschlüssel

- Arbeitsblätter und Hintergrundmaterialien
- Wettbewerb und konkurrenzorientierte Übungen
- Aufgaben, die zu Hause bearbeitet werden können

Seminarformen und Methoden, die den Dauermenschen eher abschrecken:

- Aktivitäten mit dem einzigen Zweck, ein lebendiges Seminar zu gestalten
- Entspannungsübungen
- spontane Änderungen der Planung (besonders wenn die Begründung dafür fehlt)
- Rollenspiele mit wechselnden Rollen
- viele Methodenwechsel mit immer wieder neuen Formen und anderem Vorgehen
- unklare Seminarstruktur (beliebige Pausen, Unpünktlichkeit, mangelnde Verbindlichkeit)
- als Experimente angekündigte offene Formen mit ungewissem Ende
- Einsatz von Symbolen (z.B. zur Gefühlsklärung)

Der Wechselmensch

Viele der positiven und negativen Eigenschaften des Wechselmenschen drücken das Bestreben nach Abwechslung und Kurzweil aus. Er ist gewandt, risikofreudig, innovationsbereit, großzügig, mitreißend, überzeugend, anregend, aber auch oberflächlich, launisch, unstetig, unrealistisch, ablenkbar, leichtsinnig und sprunghaft. Sein Motto könnte lauten: „Ich im Wirbelwind des Lebens."

Spontaneität

Mit Elan und Improvisationstalent geht der Wechselmensch seine Aufgaben an. Es fällt ihm leicht, Entscheidungen zu treffen, weil er intuitiv statt analytisch vorgeht. Doch so schnell wie er Feuer und Flamme für eine Idee ist, so schnell kann sie ihm wieder unwichtig werden. Für Seminarleitende ist es erfreulich, wenn jemand im Kurs sitzt, der die anderen mit seiner Begeisterung ansteckt. Doch so mitreißend seine Art ist – gerade wenn gründliche und detaillierte Vorbereitung oder mühselige Kleinarbeit gefordert ist, wendet sich seine Energie schnell einem neuen Thema zu. Seine Lebendigkeit wirkt liebenswürdig und charmant. Er zieht schnell Aufmerksamkeit auf sich, und weil er gern im Mittelpunkt steht, genießt er das Interesse an seiner Person. Einladungen zu Verabredungen sagt er ohne Zögern zu – um sie bei Bedarf wieder abzusagen. Er will sich nicht festlegen, und diese Unverbindlichkeit ist ein ausgeprägter Zug von ihm.

Flexibilität
Neue Verfahren faszinieren den Wechselmenschen. Ein spannend oder abwechslungsreich inszenierter Lernprozess ist für ihn nicht weniger wichtig als das Ergebnis. Vorschriften, Konventionen und Regeln empfindet er als Einengung seiner persönlichen Freiheiten, weswegen er sich gern über als zu weitreichend empfundene Regeln hinwegsetzt. Vor langfristigen Verträgen schreckt er zurück, die Bindung ist ihm zu einengend. Im Arbeitsprozess versteht er es, die unterschiedlich anfallende Arbeit seiner aktuellen Stimmung nach zu erledigen. Gelegentlich gleicht sein Schreibtisch einem Chaos, das von einer Kaffeetasse gekrönt wird. Tatsächlich jedoch herrscht eine Ordnung, in der nur er sich bestens auskennt. Während der Schreibtisch des Dauermenschen stets akkurat aufgeräumt aussieht, ist der Wechselmensch ein „Antiperfektionist".

Kreativität
Umfangreiche Interessen zeichnen den Wechselmenschen aus. Er überspringt gern Details und schließt vom Einzelnen auf das Ganze, ohne alle Schritte selbst gehen zu wollen. Seine Vorschläge, mit viel Charme vorgetragen, sind gelegentlich von Wunschdenken geprägt und nicht immer realistisch. Leitende brauchen Standfestigkeit, um ihm Grenzen zu setzen. Wenn er selbst viel Fachkompetenz besitzt, kann er für die Leitung eine eloquente Konkurrenz darstellen. Langweilt ihn jedoch das Seminar, bleibt er fern oder beschäftigt sich nur noch mit dem, was ihn interessiert.

ÜBERSICHT

Seminarformen und Methoden, die der Wechselmensch bevorzugt:

- Lernprozesse, die genauso wichtig genommen werden wie die Lernergebnisse
- variantenreicher Lernprozess mit Spaß
- Methodenvielfalt und unterschiedliche Arbeitsformen
- Entspannungs- und Bewegungsübungen mit und ohne Körperkontakt
- Abwechslung bei der Bildung von Kleingruppen
- wechselnde Personen und Gruppengrößen in der Zusammenarbeit
- kreative und darstellungsbetonte Formen (Sketche, Collagen, usw.)
- aktive eigene Beiträge (ggf. mit eigenem Material)
- Leitende mit Entertainer-Qualitäten
- Wettbewerb und konkurrenzorientierte Übungen

Seminarformen und Methoden, die den Wechselmenschen eher abschrecken:

- eine Sitzordnung, die Kontakt verhindert
- Abläufe nach ständig wiederkehrendem Muster
- starre Regeln mit exakt festgelegten Pausenzeiten
- eng am Skript oder Lehrbuch orientiertes Lernen
- lange Verfahrensdiskussionen
- Vorträge und Referate
- intensive Einzelarbeit

Der Distanzmensch

Viele der positiven und negativen Eigenschaften des Distanzmenschen drücken das Bestreben nach Autonomie und Abstand aus. Er ist konsequent, eigenständig, selbstsicher, kritisch, unbeirrbar, analytisch, entscheidungsfreudig, aber auch abweisend, stur, intolerant, unsensibel, eigenbrötlerisch und misstrauisch. Sein Motto könnte lauten: „Jeder kämpft für sich allein.“

Sachliche Beziehungen
Der Distanzmensch gibt sich sachbetont und korrekt. So wirkt er kühl und zurückhaltend. Am einfachsten kommt er mit anderen über Fakten und Tatsachen ins Gespräch. Er fragt nicht nach persönlichen Dingen, und auch seine eigenen Gefühle hält er unter Verschluss. Zum Wohlfühlen benötigt er keine Harmonie, eher ein aufgabenorientiertes Arbeitsklima. Gern geht er z.B. morgens besonders früh zur Arbeit oder arbeitet abends länger, weil er dann allein und ungestört ist. Auch als kritischer Beobachter ist er dem Dauermenschen mit seiner analytischen und gefühlsfernen Art verwandt. Sein Feedback fällt meist streng, aber präzise aus. Allerdings wünscht er sich auch für sich selbst klare Kritik von anderen. Er hält es hingegen für überflüssig oder sogar schönfärberisch, viel Anerkennung zu bekommen. Deshalb bedeutet ein „gar nicht so schlecht“ sein höchstes Lob.

Klare Grenzen
In den Seminarpausen steht er eher am Rand des Geschehens. Sein Distanzbedürfnis wird auch an der Art der Begrüßung und des Abschieds deutlich. Zunicken oder von Weitem in die Runde grüßen sind für ihn stimmige Formen. Er hat genügend Courage, sich wenn nötig gegen die gesamte Gruppe zu stellen und an seiner Ansicht unbeirrbar festzuhalten. Wenn er Seminarleitenden seine kritischen Fragen stellt, kann seine etwas schroffe Art ein wenig so wirken, als ob der Staatsanwalt einen Angeklagten verhöre.

Autonomie
Bevor der Distanzmensch seine Gedanken vorträgt, möchte er sie gründlich durchdacht haben. Ein klarer, eindeutiger Standpunkt ist ihm wichtig. Dies unterstreicht sein eigenständiges Auftreten und unabhängiges Denken, wie ihm überhaupt jede anpasslerische Attitüde fehlt. Unter Teamarbeit versteht er, die „im stillen Kämmerlein“ erarbeiteten Ergebnisse zusammenzufügen. Auch dabei ist sein Motto: „Selbst ist der Mann.“ Alleinsein ist für ihn ein Kraftquell. Persönliche Misserfolge im Seminar deutet er in Erfolge um: „Unter diesen Bedingungen ist das Ergebnis doch noch ganz ordentlich.“

ÜBERSICHT

Seminarformen und Methoden, die der Distanzmensch bevorzugt:

- eine Leitung mit korrekten Umgangsformen
- formelle Distanz und feste Rollen, Anrede per „Sie"
- eine sachliche, argumentative Einführung
- eine klare Agenda und Struktur
- Vorträge mit Faktenvermittlung, Theorie und Fallstudien
- Einzelarbeit mit Tests, Denk- und Analyseaufgaben
- ein klar abgegrenzter eigener Arbeitsplatz
- Rückzugsmöglichkeiten
- kritische Rückmeldungen zu den Lernleistungen
- streitbare Debatten
- eindeutige Ergebnisse
- Seminarleitende eher im Stil von Fachreferenten
- Raum für Sonderrollen

Seminarformen und Methoden, die den Distanzmenschen eher abschrecken:

- Druck zur aktiven Teilnahme
- gefühlsbetonte Bearbeitungsformen
- Übungen mit Körperkontakt
- Arbeit mit Symbolen und Imaginationen
- Gruppenarbeit, um Kompromisse zu erzielen
- wenig Spielräume beim Lösen von Aufgaben
- geringe Freiräume in der Seminargestaltung
- enge persönliche Kontakte in Seminaren mit kurzer Dauer

Der Nähemensch

Viele der positiven und negativen Eigenschaften des Nähemenschen drücken sein Bestreben nach Kontakt und aktiver Beziehungsgestaltung aus. Er ist tolerant, einfühlsam, empfindsam, hilfsbereit, fürsorglich, nachgiebig, kameradschaftlich, aber auch empfindlich, stimmungsabhängig, kumpelhaft, aufdringlich, überangepasst, sich überfordernd und konfliktscheu. Sein Motto könnte lauten: „Ich für Dich und Du für mich."

Kontakt

Gern geht der Nähemensch auf andere Menschen zu und stellt über ein paar freundliche, unverbindliche Worte ersten Kontakt her. So nutzt er die Gelegenheit der Begegnung, um mindestens einige Worte zu wechseln und Kontakte zu pflegen. Es gelingt ihm schnell, persönliche Beziehungen zu festigen. Er kann der gesamten Gruppe das Gefühl vermitteln, an einem Strang zu ziehen. Dabei versucht er gern, ein nach seinen Vorstellungen produktives Arbeitsklima zu fördern, indem er Außenstehende mit einbezieht oder, wenn die Situation es zulässt, für Kaffee oder Kekse sorgt.

Beziehungen

Der Nähemensch arbeitet gern in Gruppen und ist ein uneigennütziger Teamarbeiter. Weil er viel Einfühlungsvermögen und Intuition besitzt, hat er eine gut entwickelte Antenne für Stimmungen und Beziehungen. Er pflegt seinen Freundes- und Bekanntenkreis, und mit ihm ergeben sich Gespräche mit Tiefgang. In Seminaren ist sein Interesse an den Personen oft ebenso groß wie das an dem Sachthema. Er kann für gute Stimmung sorgen, doch anders als beim Wechselmenschen, für den die Anwesenden als Publikum dienen sollen, unterstützt er andere uneigennützig. Persönliche Themen sind für ihn kein Tabu, im Gegenteil, sie können ein Beitrag für ein offenes Gruppenklima sein.

Verantwortung

Der Nähemensch spielt eine wichtige Rolle für den Zusammenhalt der Gruppe. Konflikte kehrt er allerdings lieber unter den Teppich, als dass er sie austrägt. Doch in spannungsgeladenen Situationen greift er mit viel Geschick ausgleichend und vermittelnd ein. Es fällt ihm schwer, „Nein" zu sagen, und eine gewisse Konfliktscheu hindert ihn daran, klare Kritik anzubringen. Wenn er Ungerechtigkeiten wahrnimmt, ist er allerdings bereit, Gruppenmitglieder gegen die Kursleitung zu unterstützen oder auch die Leitung gegen ungerechtfertigte Angriffe zu verteidigen. Ähnlich wie der Dauermensch neigt auch er dazu, anderen Teilnehmenden oder der Leitung seine Ideen aufzuzwingen. Doch während der Dauermensch glaubt, am besten zu wissen, was richtig ist, möchte der Nähemensch seinen Mitmenschen mit seinen Vorschlägen Gutes tun. In Krisen resigniert er und bleibt (wenn möglich) weg. Um Kraft zu schöpfen, braucht er das Gespräch.

ÜBERSICHT

Seminarformen und Methoden, die der Nähemensch bevorzugt:

- eine ausführliche Begrüßung, in der auch Privates enthalten sein darf
- eine familiäre Atmosphäre, in der man sich duzt
- eine herzliche Leitung, die die Gruppenatmosphäre pflegt
- individuelles Eingehen auf Einzelne
- Gruppenarbeit, Spiele und Pausen, die Austausch ermöglichen
- gefühlsbetonte und körperbetonte Bearbeitungsformen (z.B. Skulpturen, Rollenspiele, Planspiele)
- praktische Übungen

Seminarformen und Methoden, die den Nähemenschen eher abschrecken:

- viel Theorie
- keine Rückmeldungen und fehlende Anerkennung für Leistungen
- unpersönliche und kühle Lernatmosphäre
- formelle und steife Rahmenbedingungen (z.B. distanzschaffende Sitzordnung)

Warum wir uns auf Rollenspiele eingelassen haben – vier Stellungnahmen

Die vier Protagonisten aus dem Beispiel erläutern rückblickend, aus welchen Gründen sie zunächst Widerstand gegen die Rollenspiele geleistet haben und was sie dann dazu bewogen hat, sich schließlich doch auf sie einzulassen.

Stellungnahme von Herrn Dr. Wisser:

„Erst als die Trainerin den genauen Ablauf des geplanten Vorgehens erläuterte, wurde mir klar, dass es um so etwas Praktisches wie Probehandeln ging. Als sie erwähnte, ich solle mir vorstellen, die Übung finde Dienstagvormittag in unserem Besprechungszimmer statt, wusste ich, wie das ablaufen soll und worauf ich mich hier einlasse. Es ging darum, mein eigenes Handeln zu optimieren – nicht um irgendwelche Experimente. Dafür bin ich bereit, mich ordentlich anzustrengen. Mir kam sogar der Gedanke, mal ein anstehendes schwieriges Gespräch durchzuspielen, um dafür etwas Munition zu sammeln. Wenn ich mich recht erinnere, stand ja auch eine Andeutung, dass es hier in Richtung Rollenspiele gehen könnte, schon im Ausschreibungstext für das Seminar. Ich habe dann übrigens den anderen gern mal gezeigt, wie ich so ein Gespräch führe. Von mir kann man schließlich einiges lernen. Dass Frau Schlau zugesagt hatte, die Rollenspiele systematisch auszuwerten und im Kontext von Gesprächsstrategien zu besprechen, war mir besonders wichtig. Überraschend war für mich, dass letztlich alle die Stimmung hier als positiv empfunden hatten, obwohl wir ja gerade das Vorgehen der Trainerin zurückgewiesen hatten."

Stellungnahme von Herrn Bärbeiß:

„Im ersten Moment habe ich die Ablehnung des Vorschlags von Frau Schlau als ganz schön konfrontativ erlebt. Daher war ich froh, dass sie das Thema nicht weiter verfolgt hat. Uns stattdessen aufzufordern, unseren aktuellen Stimmungsstand auf ein auf Papier gezeichnetes riesiges Thermometer zu markieren, fand ich nicht nur witzig, das löste auch die Spannung und hat ja letztlich wenig Zeit gekostet. Als ich merkte, das Ganze wird nicht zwanghaft, das kann sogar Spaß machen, war ich begeistert. Unser

Alltag ist viel zu ernst, ein Spiel kann da durchaus lebendige Anregungen vermitteln. Ich probiere gern mal etwas Aktiveres aus, dabei kann ich mir durchaus überraschende Wendungen des Geschehens vorstellen. Und letztlich behält man das Erlebte oder das selbst Ausprobierte viel besser, als wenn man nur darüber redet. Besonders viel Spaß hat es mir gemacht, dass ich auch die Rollen der schwierigen Konfliktpartner übernehmen konnte. Sollten die anderen sich doch ruhig mal die Zähne an meinen Begründungen ausbeißen."

Stellungnahme von Frau Denk:
„Ich fand es interessant, wie die Trainerin uns nach diesem kleinen Dissens wieder auf einen gemeinsamen Ausgangspunkt zurückgeführt hat, von dem aus wir das weitere Vorgehen erörtern konnten. Prickelnd war, wie Frau Schlau den Teilnehmer wieder ins Boot holte, der gerade mit seinen Witzchen über Rollenspiele so richtig loslegen wollte. ‚Kann es sein, dass Sie mit diesen Späßen versuchen, dass Thema nicht so nah an sich rankommen zu lassen?' Charmant, gutmütig aber irgendwie auch etwas spitz im Tonfall. Ich weiß nicht, ob dem guten Mann das Lachen einfach verging oder ob er eingesehen hat, dass seine Bemerkungen nicht zielführend waren. Zunächst war die Einladung, als Beobachterin den Gesprächsmustern der Akteure auf die Spur zu kommen, reizvoll. Als klar wurde, dass niemand sein Innerstes nach außen kehren muss, ist die Lust gewachsen, die Wirkung der eigenen Argumente auszuprobieren und an der persönlichen Gesprächsstrategie zu feilen. Ich muss auch ehrlich sagen, ich hatte falsche Vorstellungen über Rollenspiele. Diese Arbeitsform ermöglicht ja auch kritische Rückmeldungen zum eigenen Auftreten. Das ist immer wieder besonders wichtig. Spannend war dann die Ankündigung von Frau Schlau, anschließend das ganze Geschehen mit dem Konzept der Deeskalationsstrategien abzugleichen."

Stellungnahme von Frau Brummig:
„Nachdem wir festgestellt hatten, dass eigentlich doch ganz gute Stimmung herrschte, war ich irgendwie erleichtert. Bei dem Vorschlag, doch mal gemeinsam zu überlegen, wie es weitergehen könnte, habe ich richtig gemerkt,

wie sehr ich mich schon für das Seminar mitverantwortlich fühle. Ich war gegen Rollenspiele, weil ich zunächst die Befürchtung hatte, dass ich mich zu sehr aufrege und dann etwas unkontrolliert oder hilflos wirke. Ich weiß ja aus Erfahrung, dass Rollenspiele eine Eigendynamik bekommen. Der warmherzige Zuspruch von Frau Schlau, dass wir jederzeit selbst bestimmen könnten, wie viel wir von unseren Empfindungen zeigen möchten, hat mir Sicherheit gegeben und ich konnte mich besser auf die entstehenden Emotionen einlassen. Es ist ja auch verständlich, dass der Austausch nach jedem Rollenspiel und der dadurch entstandene vertiefte Kontakt unserem Seminar gut tun. Der Gruppe mit dem eigenen Beitrag ein Geschenk zu machen, wie Frau Schlau sich ausdrückte, finde ich eine nette Idee. Dass sie bei der ersten Feedbackrunde nur positive Kritik zulassen wollte, war zwar ein angenehmer Gedanke, aber vielleicht etwas übertrieben bei unserer Erfahrung. Eins jedenfalls wurde mir deutlich: Bei Rollenspielen ist sie in ihrem Element. Und mit ihrem Spaß an der Sache und ihrer Energie hat sie uns angesteckt. So gesehen war es gut, dass sie uns dazu gebracht hat."

Sieht man sich die Stellungnahmen genauer an, kann man erkennen, mit welchen Argumenten die Trainerin die vier Protagonisten des Widerstandes überzeugt hat. Es ist ihr gelungen, ihre Argumente auf die Bedürfnisse der Teilnehmenden zuzuschneiden und so deren Interesse zu wecken. Die Angst vor Überforderung konnte sie zerstreuen. Dies ging umso leichter, weil dieser Einsatz von Rollenspielen wichtige Bedingungen erfüllt hat: Alles sollte stets für die Teilnehmenden nachvollziehbar sein. Die Übungen haben Gemeinsamkeiten mit der Realität. Daher können sie praxisbezogen ausgewertet werden und/oder führen durch Selbsterkenntnis zu neuen Erfahrungen. Zusammen mit den weiter oben genannten Aspekten gründlicher Vorbereitung der Methode hat sie das getan, was ihr möglich ist, die Teilnehmenden zu gewinnen.

Der Kursleiterin ist es gelungen, die „Widerständler" zu überzeugen, indem sie auf deren Grundstrebungen eingegangen ist:

- Herr Dr. Wisser als typischer *Dauermensch* brauchte vor allem die Struktur einer klaren Schritt-für-Schritt-Handlungsanleitung. Ihn hat das Argument überzeugt, dass die Übung einem ganz praktischen

Zweck diente und weit entfernt von jeder Spielerei war. Dies wurde noch durch die geplante Systematik des Vorgehens unterstrichen, nämlich die Übung auszuwerten und die Ergebnisse der Übung mit anderen Handlungsansätzen zu vergleichen.

- Herr Bärbeiß als *Wechselmensch* reagierte positiv auf die Aussicht auf Spaß beim Lernen, die Möglichkeit zu eigener Aktivität und persönlicher Herausforderung.
- Frau Denk als *Distanzmensch* reagierte erst positiv, nachdem sie davon überzeugt war, den Grad der Offenheit in den Rollenspielen selbst bestimmen zu können. Ihr Meinungsumschwung entstand durch die Aussicht auf die intellektuelle Auseinandersetzung sowie auf die Chance, aus kritischem Feedback zu lernen.
- Frau Brummig als *Nähemensch* fühlte sich in ihrer Mitverantwortung für das Seminar und den Gruppenprozess angesprochen; ihre Befürchtungen konnte Frau Schlau zerstreuen.

Für einige war die Gelegenheit außerdem ein Ansporn, die eigene Kompetenz zu zeigen.

8.2.4 Der Gruppe Brücken zu neuem Verhalten bauen

Zu Beginn des Seminars ist es zunächst wichtig, an den kulturellen Hintergrund der Zielgruppe anzuknüpfen. Dies geschieht über die Sprache (z.B. Beispiele und Begriffe aus dem Erfahrungsschatz der Teilnehmenden) und die Methodenauswahl. Für die eine Zielgruppe mag eine konventionelle Vorstellungsrunde passend sein, für andere die Vorstellung im Rollentausch.

AKTION

Vorstellungsrunde mit Rollentausch

Diese Methode schlägt eine Brücke zu später geplanten Rollenspielen. Bei dieser Art sich bekannt zu machen schlüpfen die Teilnehmenden z.B. in die Rolle einer Freundin oder eines guten Bekannten, um sich aus dieser Rolle heraus selbst vorzustellen. Sie beschreiben sich dabei in der dritten Person: „Er/Sie ist …" Die Zeit sollte auf wenige Minuten pro Person begrenzt werden. In einer solchen Vorstellungsrunde werden zwar nur Bruchstücke von den Teilnehmenden bekannt, das Seminar startet jedoch in einer persönlichen und stärker beziehungsbetonten Atmosphäre.

Wenn der Start gelungen ist, können vom seelischen Heimatgebiet aus behutsam Brücken in die für die Gruppe befremdlichen Felder des Riemann-Kreuzes gebaut werden (→Kap. 8.2.3). Geeignet sind Angebote, welche die bevorzugten Verhaltensmuster der Teilnehmenden mit Neuem kombinieren. Sie ergänzen vertraute Verhaltensweisen um neue Aspekte. Dabei sollte berücksichtigt werden, was für die Teilnehmenden emotional verkraftbar ist. Die folgenden Beispiele können als Anregung dienen.

Der Wunsch nach Transparenz im Gruppengeschehen eröffnet den Teilnehmenden die Gelegenheit, eher unvertraute Verhaltensweisen in ihr Repertoire aufzunehmen. Wenn Kursleitende Feedback initiieren wollen, können sie sich am TZI-Modell orientieren (→Kap. 5.2.1). Die Rückmeldungen der Teilnehmenden könnnen in drei Richtungen gehen: eine Aussage zur inhaltlichen Arbeit, eine Auskunft zur eigenen augenblicklichen Verfassung und schließlich eine Mitteilung dazu, wie sie den Gruppenprozess erleben. Damit eröffnet sich die Möglichkeit, zwei eher ungewohnte Aspekte anzusprechen: die Selbstkundgabe und die Beziehung zu anderen Gruppenmitgliedern.

Wenn eine kurze Zwischenbilanz zu einem Arbeitsabschnitt gezogen werden soll (z.B. am Ende eines Seminartages), können die Teilnehmenden eine Geste machen, mit der sie das Ergebnis oder ihre Stimmung kennzeichnen. Ergänzend können sie dazu zwei Eigenschaftswörter nennen.

Es erhöht auch die geistige Flexibilität der Gruppe, wenn man sie körperlich in Bewegung bringt. Arbeitsgruppenergebnisse können z.B. durch einen kurzen Sketch dargestellt werden. Zur Belebung nach der Mittagspause können aktivierende Spiele eingesetzt werden, bei denen sich Bewegung und Körperkontakt ergibt. Der Einsatz von passender Musik steigert Intensität des Erlebens.

Mit solchen und vielen anderen Aktivitäten kann man die Gruppenmitglieder dazu bewegen, aus ihrem seelischen Heimatgebiet zu fremden Ufern aufzubrechen. Nebenbei passiert durch ein wenig Körperkontakt ein wertvoller Schritt: Das Zusammengehörigkeitsgefühl und die Entwicklung von Vertrauen zueinander werden spürbar beschleunigt.

8.2.5 Rollen als Indikator für die Ausgewogenheit des Lernprozesses

Das Riemann-Kreuz kann nicht nur zur Vorbereitung eines Seminars hilfreich sein – es erleichtert auch Prognosen darüber, wie sich die Zusammenarbeit in der Gruppe entwickeln wird. Durch das Zusammenspiel der aufeinander treffenden Charaktere wird deutlich, wie viel Kontakt, Struktur oder Verbindlichkeit die Gruppe für angemessen hält.

Für Einschätzungen des Zusammenhalts von Gruppen ist die Kenntnis der Besetzung des Nähe-Pols ein Schlüsselfaktor. Denn die Erhaltungsrolle wird typischerweise von Nähemenschen ausgefüllt, die Aufgabenrolle fällt allen anderen zu.

Menschen ergreifen die Rollen, die ihren Werten und Verhaltensmustern entsprechen. So werden Aufgabenrollen von Personen übernommen, die auf die Bewältigung von Aufgaben konzentriert sind. Sie denken in erster Linie ergebnisorientiert. Damit sind sie diejenigen, die mit dem Leistungsgedanken auch den Wettbewerb innerhalb der Gruppe forcieren.

Im Gegensatz dazu blicken Personen, die die Erhaltungsrolle übernehmen, stärker auf den Prozess der Zusammenarbeit. Diese Gruppenmitglieder leisten einen wichtigen Beitrag für den Erhalt, also für die Stabilität der Gruppe. Denn für eine Lerngruppe ist ein fürsorgliches oder anerkennendes Gruppenklima eine günstige Voraussetzung für hohe Leistungen. Je nach aktuellem Lernklima kann die Kursleitung die Positionen unterstützen, die sie für geboten hält. Droht in einer „Kuschelgruppe" etwa der Ehrgeiz unterzugehen oder kommt Langweile auf, kann sie den Wettbewerb als aktivierendes Element fördern. Fehlt der Gruppe durch die Selbstbezogenheit der Einzelnen das Gefühl von Gemeinsamkeit oder treibt konkurrenzgeprägte Stimmung Gruppenmitglieder in den Rückzug, kann man hingegen Kontakt und Kooperation fördern.

Die Rollenverteilung in einer Lerngruppe bringt die Werthaltungen der einzelnen Teilnehmenden zum Ausdruck und stellt aktive Reaktionen auf konkrete Umstände in der Gruppe dar. Die Ausgestaltung der Rollen unterliegt dem Einfluss persönlicher Verarbeitungsmuster, die aus früher erlebten Situationen herrühren. Gruppenmitglieder fühlen sich durch die Situation angesprochen, eine bestimmte Rolle zu übernehmen. Die von den

Teilnehmenden ergriffenen Rollen sind ein wichtiger Indikator für Stimmungen und Gruppenklima. Als Träger bestimmter Rollen äußern die Gruppenmitglieder Themen, die die Gruppe (im Guten oder Schlechten) beschäftigen. So machen sie sich – bewusst oder unbewusst – zum Protagonisten eines Themas, das die Gruppe in besonderem Maß bewegt: das „Gruppenthema".

BEISPIEL

Gelegentlich besteht für Kursleitende die Gefahr, ein zu schnelles Lerntempo vorzugeben. Ein Teilnehmender nimmt dann vielleicht eine Rolle ein, die für die Leitung Signalwirkung haben kann. Herrscht zu hoher Leistungsdruck, kann jemand, der bisher recht amüsant war, den Leistungsdruck in der Rolle des Schalks mit spaßigen Einlagen und geistreichen Bemerkungen – und mit Unterstützung und Beifall der Gruppe – ausbremsen.

(Menschen mit Wechseltendenz, Gruppenthema: Stressabbau)

Eine andere Rolle mit ähnlicher Funktion ist die von „Bedürftigen", denen niemand wirklich böse sein kann. Das sind Personen, die mit ihrer Hilflosigkeit das Tempo des Lernens verlangsamen.

(Menschen mit Nähetendenz, Gruppenthema: Überforderung)

Auch ein bezaubernder „Sonnenschein" kann als Rolle auftauchen, um zu versuchen – wenn auch irgendwie unstimmig – durch sein charmant-liebes Auftreten die Spannung zu reduzieren.

(Menschen mit Wechseltendenz, Gruppenthema: Harmonie)

Möglicherweise ist entstandener Leistungsdruck aber auch die passende Situation für ein Gruppenmitglied, die nach der Schulzeit abgelegte Rolle des Strebers wieder zu aktivieren.

(Menschen mit Dauertendenz, Gruppenthema: Selbstbehauptung)

Wenn Leitende durch die gewählten Gruppenrollen Hinweise für die Steuerung des Lernprozesses gewinnen wollen, kann es nützlich sein, Rollen ein plakatives Etikett zu geben und, von ihnen ausgehend, den gruppendynamischen Prozess zu hinterfragen.

BEISPIEL

Wenn ein Gruppenmitglied in der Rolle des „Besserwissers" oder „selbst ernannten Leitenden" ständig Vorschläge, Ratschläge, und Kommentare bringt, lauten nützliche Fragen:

„Ist der Lern- oder Gruppenprozess ausreichend strukturiert?"

„Kennen die Teilnehmenden den nächsten Lernschritt?"

„Fehlen der Gruppe Lernhilfen und Informationen?

„Gehe ich als Kursleiter zu langsam vor?"

Wenn einzelne Gruppenmitglieder sich in die Rolle des „Eigenbrötlers" zurückziehen, lässt sich fragen:

„Wie groß sind die Anforderungen an Offenheit?"

„Wie hoch ist der Gruppendruck zur Gemeinsamkeit?"

„Ist es gestattet, Distanz zu den anderen zu haben?

Ein „Kämpfer für die Gerechtigkeit" oder eine „Betriebsrätin" setzt sich für andere Gruppenmitglieder ein, damit diese nicht zu kurz kommen. Der „unbarmherzige Staatsanwalt" deckt einen Missstand auf, der das Problem in typischer Rolle des „Anklägers" zum Kochen bringt. Ungerechtigkeiten, Diskriminierungen oder dysfunktionale Strukturen können diese Rollen hervorgerufen haben.

Der Nutzen systemischen Denkens liegt darin, in handelnden Personen nicht die Verursacher von Störungen zu sehen, sondern zu erkennen, dass die Dynamik des Gruppenprozesses solche Erscheinungen hervorbringt. Würden die „Störenden" das Seminar verlassen, so wäre es sehr wahrscheinlich, dass ähnliche Rollen aus gleichem Grund erneut auftauchen.

FAZIT

- Wenn Leitende Widerstand gegen eine bestimmte Methode befürchten, können sie deren Einsatz mit konkreten Schritten vorbereiten, die Aufgeschlossenheit und Annahmebereitschaft bewirken.
- Zu- oder Abneigung gegenüber bestimmten Lernmethoden sind lebensgeschichtlich erworben. Als Verhaltensmuster prägen sie die Einstellung der Teilnehmenden.
- Das Modell des Gruppenfeldes eröffnet die Möglichkeit einer zielgerichteten Vorbereitung des Seminareinstiegs. Leitende können mit Sprache und Lernarrangement an die Gewohnheiten der Teilnehmenden ankoppeln.
- Mit methodischen Angeboten, die den Teilnehmenden neben ihren bevorzugten Verhaltensmustern auch ungewohnte Verhaltensweisen abfordern, kann persönliche Entwicklung angestoßen und methodische Vielfalt erweitert werden.
- Der differenzierte Blick auf die von den Teilnehmenden eingenommenen Rollen erleichtert es, den Gruppenprozess gezielt zu beeinflussen.
- Psychologische Disposition und der Aufforderungscharakter spezifischer Gruppensituationen führen dazu, dass Teilnehmende eine spezifische Rolle ergreifen. Rollen können daher für Leitende Signalwirkung haben, weil sie ein für die Gruppe wichtiges Thema transportieren.

9. Den Schluss gestalten

In der dritten Gruppenphase der *Arbeitslust und Produktivität* denken die Teilnehmenden noch wenig an die vierte Phase *Abschluss und Abschied.* Doch schließlich neigt sich das Seminar dem Ende zu. Unabhängig davon, ob die Teilnehmenden darüber traurig sind und ob alle ihre Ziele erreicht haben, muss der Abschluss planmäßig angesteuert werden. Die Kursleitung muss nun wieder stärker führen. Sie muss dafür sorgen, dass die Themen abgeschlossen werden. Die Bearbeitung von persönlichen Anliegen mit emotionalem Tiefgang sollte nun nicht mehr stattfinden, denn es ist nicht ausreichend Zeit vorhanden, alte Wunden, die berührt und dadurch erneut thematisiert werden könnten, angemessen zu versorgen. Je nach Thema kann die Kursleitung nun Überlegungen zur praktischen Umsetzung des Gelernten favorisieren.

So richtet sich der Blick mancher Teilnehmer bereits über das Seminarende hinaus. Es zeigen sich Tendenzen, die die Auflösung der Gruppe andeuten. Das Verhalten der Gruppenmitglieder wird unverbindlicher und uneinheitlicher. Der Energiepegel sinkt, und die sich gelegentlich einstellende Müdigkeit hängt nicht nur mit getaner Arbeit zusammen. Pausen werden überzogen, einige Teilnehmende reden zu viel und zu lange, andere sind besonders eifrig.

Auch die Übertragungsphanomene (→ Kap. 2.3) nehmen wieder zu. Gerade in längeren Seminaren fühlen sich die Gruppenmitglieder am Ende ein wenig „elternlos" und in ihren Äußerungen können Verlassenheit und Aggression anklingen. Die Kursleitung ergreift nun die Initiative. Sie macht das Gelernte bewusst und lässt die Erfolgserlebnisse Revue passieren

Bei Veranstaltungen, in denen die Bearbeitung persönlicher Themen stattfand, sind intensivere Beziehungen entstanden. Die Kursleitung muss sich daher über die Form des Abschieds besondere Gedanken machen. Dabei sollte sie berücksichtigen, dass jeder Abschied ein gewisses Maß an Verlust und Trauer in sich trägt, selbst dann, wenn die Vorteile des Abschieds die Nachteile überwiegen.

9.1 Abschiednehmen: ein individuelles Muster

Wie die einzelnen Gruppenmitglieder tatsächlich Abschied nehmen, ist in den familiären Beziehungen in der Kindheit geprägt worden. Das Spektrum tief verinnerlichter Erfahrungen reicht von der Urangst des Verlassenwerdens bis hin zum wohligen Gefühl des Geborgenseins. In Trennungssituationen werden solche früh erfahrenen emotionalen Bindungsmuster angesprochen und wieder aktiviert – wenn auch unbewusst. Sie beeinflussen das aktuelle Verhalten der Teilnehmenden beim Abschied.

Weil der Abschied für die meisten Menschen zu den schmerzhaften Erfahrungen gehört, haben sie persönliche Strategien für den Umgang mit Trennung und Abschied entwickelt. Leitende sollten daher Verständnis für schwer nachvollziehbare Reaktionen bei dem scheinbar so harmlosen Abschied am Ende eines Seminars aufbringen.

So reden einzelne Teilnehmende in mancher Abschlussbilanz das Ergebnis klein, finden noch ein Haar in der Suppe oder werten gar alles Gelernte ab. Das erleichtert den Abschied. Wer trauert schon einem nur halbwegs gelungenen Seminar nach? Auch einige von denen, die Probleme mit der Umsetzung des Lernstoffs haben, negieren diese Schwierigkeiten. Ihre Problemlösung besteht ebenfalls darin, vorzugeben, in einem schlechten Seminar gewesen zu sein, bei dem sie wenig lernen konnten.

Eine andere Form, sich den Abschied leicht zu machen, kommt durch die gedankliche Entwertung der entstandenen Beziehungen zustande. Teilnehmende finden vor sich selbst – manchmal unbewusst – Gründe dafür, warum eine so kurze Seminarbekanntschaft keine große Verabschiedung wert ist. Das eröffnet die Möglichkeit, das Seminar vorzeitig und zügig in die Runde winkend zu verlassen. Auch das Gegenteil, die aufgesetzte Dramatisierung von Ereignissen oder Gefühlen, kann bewirken, tiefere Gefühle nicht zu spüren.

Teilnehmende versuchen gelegentlich, den Abschied ganz zu vermeiden. So kann ein Gruppenmitglied z.B. anregen, sich nach Abschluss des Seminars noch einmal zu treffen. Es hat das unbewusste Bestreben, die endgültige Trennung zu vermeiden oder hinauszuschieben. Und manchmal, bei einem längeren, intensiven Gruppenerlebnis – Freud lässt grüßen – ist die

Abreise versehentlich schon gebucht oder es steht noch ein unaufschiebbarer Termin an, sodass jemand an der geplanten Abschlussfeier nicht mehr teilnehmen kann.

Auch Kursleitende organisieren sich den Seminarabschied manchmal ihrem eigenen Verhältnis zu Trennungserfahrungen entsprechend. Entweder wird der Schluss so perfekt (über-)organisiert und die letzte Phase klingt in solcher Lebendigkeit aus, dass Kontakt und Besinnung nicht mehr möglich sind. Oder Abschied muss auf die Schnelle genommen werden, weil leider schon wieder keine Zeit mehr ist.

9.2 Abschlussrituale

Der Abschied und seine Gestaltung haben eine wichtige Bedeutung: Ein gelungener Abschluss ist ein emotionaler Höhepunkt. So sollte dem Ende des Seminars ein eigener, einprägsamer, jedoch angemessen kurzer Zeitabschnitt gewidmet werden. Rituale sind dafür bestens geeignet und können einen würdigen Schlusspunkt setzen. Sie verdichten Abläufe oder Erfahrungen und bringen diese als gemeinsame symbolische Handlung auf den Punkt. Mit ihrem vorgegebenen Rahmen von Anfang und Ende stiften sie Verhaltenssicherheit. Außerdem markieren sie Übergänge zu Neuem.

Abschlussrituale können verschiedene Ziele verfolgen. Sie können den Transfer in den Alltag fördern, indem sie Kraft spenden oder das Gelernte verankern. Bei Bedarf können sie den Abschied unterstützen, indem sie die Art der Verabschiedung vorgeben. Durch Inszenierung des erarbeiteten Erfolgs oder durch die Würdigung der entstandenen guten Beziehungen schaffen sie einen positiven emotionalen Höhepunkt, der noch lange nachklingt.

AKTION

„Gut gemacht!" – einen emotionalen Schlusspunkt setzen

Bei diesem etwas selbstironischen Ritual, das viel Heiterkeit erzeugt, stellen sich die Teilnehmenden Schulter an Schulter in einen Kreis. Nach einer viertel Drehung nach rechts in die „Gänsemarschformation" legen alle ihre rechte Hand auf die Schulter der vor ihr stehenden

Person. Auf Anweisung und Vorbild der Leitung hin klopfen sie ihr im Takt auf die Schulter und sprechen gemeinsam das Schlusswort: „Gut gemacht, gut gemacht ..." Eine Variante (mit entsprechender Anleitung) besteht darin, sich selbst auf die Schulter zu klopfen.

„Bahnhof" – den Abschied gestalten

Die Gruppe wird eingeladen, sich vorzustellen, dass sie auf einem Bahnhof steht. Gleich werden die Züge in verschiedene Richtungen abfahren und alle werden in unterschiedliche Züge einsteigen. Es bleiben noch genau drei Minuten Zeit (dann ist das Seminar zu Ende). Alle haben nun die Gelegenheit, sich von denjenigen zu verabschieden, mit denen sie zum Schluss noch ein paar Worte wechseln möchten.

„Dreimal positiv" – die gewonnene Kraft mitnehmen

Dieses Ritual zielt darauf ab, den Gruppenmitgliedern ihre Stärken bewusst zu machen. Alle Teilnehmenden werden gebeten, jeder einzelnen Person Rückmeldung zu geben, was sie von deren Stärken, liebenswerten Eigenschaften und Vorzügen kennen gelernt haben. Dabei stehen alle einmal kurz im Mittelpunkt und erhalten maximal drei kurze positive Rückmeldungen. Auf diese Weise geben höchstens drei Teilnehmende pro Gruppenmitglied eine Rückmeldung. Feedback-Geber können alle sein, denen spontan etwas Anerkennendes einfällt. Eine kurze Nachdenkpause vor dieser Runde unterstützt die Qualität der Rückmeldungen. Diese Übung kann auch in der folgenden Variante durchgeführt werden: Jede Person setzt sich einmal in die Gruppenmitte auf den Boden. Die anderen geben ihre Anerkennung schriftlich ab. Diesmal sind so viele Rückmeldungen zugelassen, wie den Teilnehmenden einfallen. Allerdings gibt es eine Zeitbegrenzung pro Person von ca. drei Minuten.

9.3 Umgang mit Kritik

In länger laufenden Seminaren, besonders mit personennahen Themen sowie in Ausbildungs- und Fortbildungsreihen, hat die Schlussphase zwangsläufig größeres Gewicht. Hier wird in einer Schlussrunde eine Bilanz gezogen, die die Lerninhalte und den Gruppenprozess reflektiert.

Zwar ist diese Art von Abschlussrunden in den meisten Fällen aufbauend für die Kursleitenden, weil ihr Einsatz oftmals gewürdigt wird. Wenn jedoch Kritik geäußert wird, sollten Leitende souverän damit umgehen können. Sie sollten dann so offen sein, die hoffentlich konstruktive Kritik als Lernchance zu sehen. Dazu gehört, sich nicht nach jedem kritischen Beitrag zu rechtfertigen oder vermeintlich irrige Ansichten „richtigzustellen", denn dieses Verhalten stoppt die sachlich-konstruktive Rückmeldung und verärgert die Teilnehmenden. Die Folge davon ist, dass kritische Beiträge zurückgehalten werden oder die Feedback-Geber versuchen, zu beweisen, dass sie mit ihrer Kritik Recht haben. Deshalb ist es besser, am Ende aller Wortbeiträge der Teilnehmenden zusammenfassend Stellung zu beziehen.

Wenn ein Seminar tatsächlich schief ging, wollen die Teilnehmenden ihren Ärger loswerden. Auch jetzt sind Nachfragen und Differenzierungen fehl am Platz, weil einige noch ihre Enttäuschung loswerden müssen, bevor sie die Situation sachlich würdigen können. Das kann sehr kränkend sein, besonders wenn Leitende, obwohl sie engagiert ihr Bestes gegeben haben, nur einen geringen Erfolg erzielen konnten. So lohnen sich einige Schutzmaßnahmen.

AKTION

Distanz gewinnen durch Visualisierung

Manchen hilft es, die geäußerten Kritikpunkte ans Flipchart zu schreiben. Mit der Formulierung: „Die Seminarleiterin hat..." wird auch verbal Distanz hergestellt. Durch die Visualisierung kann der Effekt eintreten, dass die Gruppe, die negativen Punkte vor Augen, nun auch die andere Seite wieder besser in den Blick bekommt, das Gute entdeckt und würdigt und nun auf Ausgleich bedacht ist.

Es ist entlastend, wenn Kursleitende in Situationen, in denen viel Frustration droht, innere Distanz zur Situation einnehmen. Manchmal können eine Pause oder ein Sitzplatzwechsel diesen Abstand zum Geschehen unterstützen.

AKTION

Fish-bowl

Beschleicht die Kursleitung das Gefühl, es wird eine Abrechnung geführt, die ihrem Engagement nicht gerecht wird und wahrscheinlich Stellvertreterfunktion hat, ist die Fish-bowl-Methode hilfreich. Neben dem Platz der Kursleitung werden drei bis vier weitere Stühle aufgestellt und die Kritiker werden eingeladen, ihre Rückmeldungen von diesen Stühlen aus, also im direkten Face-to-face-Kontakt zu äußern. Ohne den räumlichen Schutz der Gruppe fällt das Feedback meist sachlicher und konstruktiver aus. Bei dieser Methode ist es wichtig, die Möglichkeit zu Meinungsäußerungen für alle Teilnehmenden offen zu halten. Deshalb sollte ein Stuhl frei bleiben, um jeder Person, die spontan in die Debatte einsteigen will, die Möglichkeit hierzu zu bieten.

Kursleitende sollten sich in solchen Situationen daran erinnern, dass es Kritik gibt, die sie nicht annehmen müssen. Dazu gehören individuelle Ansichten über die eingesetzten, längst bewährten Methoden oder Ärger über eine hilfreiche Konfrontation, die ein Gruppenmitglied nicht annehmen konnte. Gelegentlich machen einige sich mit ihren Haltungen das Leben selbst schwer. Bei ihnen entsteht dann das Gefühl der Enttäuschung, weil sie meinen, nicht genug Gegenleistung für ihr Geld erhalten zu haben. Dann äußern sie Kritik, ganz unabhängig von der Qualität des Seminars. Aus solchen Gründen ist innere Abgrenzung wichtig. So können Leitende verhindern, dass sie ihren Selbstwert in Frage stellen. Erst aus der Stärke eines stabilen Selbstbewusstseins heraus können kritische Äußerungen wertgeschätzt und abwertende Kritikpunkte zurück gewiesen werden. Das bietet auch Schutz davor, ins Drama-Dreieck (→ Kap. 6.2.1) abzugleiten.

AKTION

Bodenanker

Bei diesem Vorgehen bringen Leitende positive Rückmeldungen stets vom gleichen Platz im Seminarraum aus vor. Der Platz wird für die Gruppe nach und nach mit angenehmen Erfahrungen assoziiert. So verändert sich im Laufe der Zeit die Stimmung der Gruppe unbewusst und kaum merklich, wenn die Leitung diesen Platz betritt. Dieses Phänomen kann sie sich dann für den Abschluss zunutze machen, indem sie zu dem positiv geankerten Standort wechselt.

Der gelungene Abschluss eines erfolgreichen Seminars vertieft die positiven Emotionen und trägt so dazu bei, die Ergebnisse des Seminars besser im Gedächtnis zu behalten. Eine besonders ansprechende Übung vor einer Feedbackrunde einzusetzen, erfüllt diesen Zweck. Darüber hinaus kann man den Wert eines Seminars unterstreichen, indem man die Aufmerksamkeit auf die mögliche Anwendung des Gelernten richtet.

AKTION

Drei Dinge, die ich mitnehme

Diese Frage regt die Teilnehmenden dazu an, ihre positiven Lernerfahrungen zu rekapitulieren: „Nennen Sie zum Abschluss drei Dinge aus diesem Seminar, die für Sie besonders nützlich sind oder die Sie gern mitnehmen."

So wie sich die Teilnehmenden in der Anfangsrunde an dem orientieren, was die erste Person, die das Wort ergreift, sagt, so beeinflusst auch die erste Wortmeldung der Schlussrunde die weiteren Beiträge. Deshalb unterstützt es den positiven Gesamteindruck, wenn zufriedene Gruppenmitglieder in einer Schlussrunde als erstes ihre Bilanz ziehen. Manchmal ist es auch in der Abschlussrunde passend, die Wortmeldungen durch das Zuwerfen eines Balles zu strukturieren. So hat der Kursleitende die Möglichkeit, damit den ersten Wortbeitrag zu bestimmen.

Ein Seminar ist besonders gelungen, wenn es neben dem Transfer des Gelernten in die Alltagspraxis Impulse für weitere Entwicklungsschritte geben kann. Insbesondere für das Gestalten von Beziehungen in Gruppen spielt der Leitungsstil eine wichtige Rolle: Souverän geleitete Seminare bleiben den Teilnehmenden als anregendes Erlebnis in Erinnerung.

FAZIT

- Mit dem Herannahen des Seminarendes wird die Leitungsrolle wieder wichtiger. Der Abschluss der Lernphase, die Integration des Gelernten in den Alltag und der Abschied müssen vorbereitet werden.
- Die Teilnehmenden bringen beim Abschiednehmen ihre ganz persönlichen Verhaltensweisen in den vorgegebenen Rahmen ein. In Einzelfällen gehört auch die Abwertung des Seminars zu den Strategien, sich den Abschied zu erleichtern.
- Rituale verdichten Abläufe und Erfahrungen und bringen sie als gemeinsame symbolische Handlung auf den Punkt. So schaffen sie einen würdigen Schluss- und Höhepunkt.

Anhang I

Übung zu Kapitel 4 – Provokationen begegnen

Testen Sie ihr Verhaltensrepertoire. Wie gehen Sie mit Angriffen um? Setzen Sie dabei die in Kapitel 4 erläuterten Techniken *Einfühlen*, *Abgrenzen* und *Versachlichen* ein. Spielen Sie die folgenden Situationen durch.

1. Situation

Sie leiten ein Wochenendseminar. 16 Personen sind anwesend. Es ist Samstagvormittag; soeben ist die erste Pause beendet. Die Teilnehmenden haben die vereinbarte Pausenzeit von 15 Minuten überschritten. Bis die letzten wieder zurück in den Seminarraum kommen, sind mehr als 20 Minuten vergangen.

Damit dies nicht zur Gewohnheit wird, möchten Sie das Thema Pünktlichkeit ansprechen. Wie würden Sie ihr Anliegen vorbringen? Schreiben Sie das, was Sie zu den Teilnehmenden sagen würden, spontan in wenigen Zeilen nieder oder sprechen es laut in den Raum.

2. Situation

Sie leiten ein Seminar zum Thema „Zeitmanagement" für eine Gruppe von Freiberuflern. Als Sie gegen Mittag einen Theorie-Input bringen, greift Sie ein Teilnehmer (ca. 40 Jahre, Platzhirschgebaren, Machotyp) an:

„Ich habe meine Zweifel, ob diese Theorien mir für meine Arbeit überhaupt etwas bringen können. Sie wissen doch gar nicht, wie es bei uns aussieht. Wenn ich daran denke, was ich mit der kostbaren Zeit alles anfangen könnte, anstatt hier zu sitzen. Und ich frage mich wirklich, ob Sie als Theoretiker (verschärfte Form: in ihrem Alter; unverschämte Form: als Frau) genug Einblick haben in unsere Welt, um uns zu vermitteln, wie wir unsere Probleme lösen können."

Alle anderen Teilnehmenden schauen sie erwartungsvoll an und warten auf Ihre Reaktion. Wie reagieren Sie? Schreiben Sie das, was Sie zu den Teilnehmenden sagen würden, spontan in wenigen Zeilen nieder oder sprechen es laut in den Raum.

Lösungsvorschläge zu Anhang I

1. Situation

Einfühlen:
„Wir hatten eine Viertelstunde Pause vereinbart. Natürlich möchten Sie sich gern mit den anderen unterhalten. Da sind 15 Minuten zu wenig."

Abgrenzen:
„Ich hätte gern eindeutige Anfangszeiten und möchte mich auf die vorher vereinbarte Zeit einstellen. Einen schleichenden Beginn finde ich unangenehm."

Versachlichen:
„15 Minuten scheinen für einige zu knapp zu sein. Ich hätte jedenfalls gern eine verbindliche Regel. Was schlagen Sie vor, wie lang die Pausen sein sollten?"

2. Situation

Einfühlen:
„Ich verstehe, dass Sie hier für sich wertvolle Zeit verbringen. Sie fragen sich, ob Ihre Zeit hier gut investiert ist. Ich hoffe, dass Sie Ihre Entscheidung hier teilzunehmen nach wie vor richtig finden. Wissen Sie, ich halte ein mit Kurt Lewin, der gesagt hat: Nichts ist praktischer als eine gute Theorie."

Heikel aber entlastend kann folgende Alternative sein, wenn Bedenken angesprochen sind, die andere auch haben könnten: „Dass Sie mir aufgrund meines Alters wenig zutrauen, bedauere ich. Ich kann es nicht ändern. Ich hoffe, Sie können sich trotzdem auf dieses Seminar einlassen (fragender Blickkontakt)?"

Abgrenzen:
„Es war Ihre Entscheidung, an dem Seminar teilzunehmen und Ihre Zeit dafür zu opfern. Ich habe übrigens nicht vor, Ihre Probleme zu lösen. Ich habe vor, Ihnen das anzubieten, was mein Fachgebiet zu Ihrer Unterstützung beitragen kann. Es wird sehr nützlich sein, an konkreten Punkten den Bezug zu Ihrer Alltagspraxis zu erörtern. Jetzt bitte ich Sie noch um Geduld, bis ich mit meinem Vortrag fertig bin."

Versachlichen:
„Natürlich sind Sie Experten für Ihren Job, dass steht außer Frage. Ich bin Experte für dieses Thema. Und Sie müssen überlegen, was Sie von meinem Wissen nutzen können. Was Sie also von diesem Seminar als Ergebnis mitnehmen, hängt auch von Ihnen ab. Täusche ich mich oder habe ich in Ihrer Äußerung viel Ungeduld gehört? Wem in der Gruppe geht es denn noch so?"

Anhang II

Übung zu Kapitel 7.2.3 – Reframing

Finden Sie zu den untenstehenden Aussagen von Teilnehmenden Antworten, die *positive Umdeutungen* enthalten.

Aussagen

1. „Ich verstehe den Text nicht genau. Ich habe Schwierigkeiten; mich darauf zu konzentrieren.“

2. „Das war ja ganz interessant. Aber ob das in der Praxis funktioniert, ist noch die Frage.“

3. „Ich bin hier wohl verkehrt. Solche Übungen hab ich noch nie gemacht.“

4. „Die drohende Prüfung liegt mir schwer im Magen. Ich weiß nicht, was ich machen soll.“

5. „So interessant wie die Sache ist – aber als Sie mich vorhin vor der Gruppe gefragt hatten, ist mir nichts eingefallen.“

Der erste Teil der Aussagen kann positiv umgedeutet oder bestätigt werden. Im zweiten Teil kann der positive Kern oder das Ziel herausgestellt werden.

Lösungsvorschläge zu Anhang II

1. „Sie setzen sich intensiv mit dem Text auseinander. Und Sie möchten dabei noch besser bei der Sache sein."

2. „Sie finden das im Prinzip brauchbar. Jetzt fehlt Ihnen nur noch der Dreh, wie Sie das für sich umsetzen."

3. „Das ist wirklich neu für Sie, und es ist eine echte Herausforderung."

4. „Die Prüfung ist Ihnen sehr wichtig und Sie überlegen, wie Sie Sie am besten hinkriegen."

5. „Sie sind engagiert und suchen wirklich nach den besten Lösungen."

Abbildungsverzeichnis

Literatur

Bandler, R./Grinder, J. (2000): Reframing. Ein ökologischer Ansatz in der Psychotherapie. 7. Aufl. Paderborn

Benin, K. (2005): Schwierige Gespräche führen. Modelle für Beratungs-, Kritik- und Konfliktgespräche im Berufsalltag. 3. Aufl. Reinbek bei Hamburg

Birkenbihl, V.F.(2005): Trotzdem Lehren. 2. Aufl. Offenbach

Bönsch, M./Poplutz, K. (2003): Stolpersteine meistern. Schwierige Seminarsituationen in den Griff bekommen. Erste Hilfe für Trainer in problematischen Situationen. Hamburg

Cohn, R. (2004): Von der Psychoanalyse zur Themenzentrierten Interaktion. Von der Behandlung einzelner zur einer Pädagogik für alle. 15. Aufl. Stuttgart

DGSL (Deutsche Gesellschaft für suggestopädisches Lehren und Lernen) (2009): Suggestopädische Trainerpraxis. DGSL-Magazin, H. 3, auch unter URL: www.dgsl.de/dgsl-magazin.html?PHPSESSID=cfbf2cb03dcb354cda4521f80310ca4b (Stand: 25.07.2010)

Festinger, L. (1978): Theorie der kognitiven Dissonanz. Bern u.a.

Gellert, M. (2006): Lebendige Soziometrie in Gruppen. In: Bosselmann, R. u.a. (Hg.): Variationen des Psychodramas. Ein Praxishandbuch – nicht nur für Psychodramatiker. 3. überarb. Aufl. Meezen, S. 286–301

von Grone, W./Petersen I (2002): Zum Lernen anregen. 1.Aufl. Donauwörth

Gührs, M./Nowak, C. (1995): Das konstruktive Gespräch. Ein Leitfaden für Beratung, Unterricht und Mitarbeiterführung mit Konzepten der Transaktionsanalyse. 3. überarb. und erw. Aufl. Meezen

Herrmann, U. (Hg.) (2006): Neurodidaktik Grundlagen und Vorschläge für gehirngerechtes Lernen. Weinheim/Basel

Hollenbach, N.: Stolpersteine im kooperativen Lernen. In: Individuell lernen – kooperativ arbeiten. Friedrich Jahresheft. Seelze

Johnson, D.W./Johnson, R. T. (2008): Wie kooperatives Lernen funktioniert. In: Individuell lernen – kooperativ arbeiten. Friedrich Jahresheft. Seelze

Lahninger, P. (2000): Leiten, präsentieren, moderieren. Lebendig und kreativ. Arbeits- und Methodenbuch für Teamentwicklung und qualifizierte Aus- & Weiterbildung. 3. Aufl. Münster

Langmaack, B./Braune-Krickau, M. (1989): Wie die Gruppe laufen lernt. Anregungen zum Planen und Leiten von Gruppen. Ein praktisches Lehrbuch. 3. überarb. und erw. Aufl. Weinheim

Lewin, K. (1935): A dynamic theory of personality. In: Johnson, D.W./Johnson, R.T. (2008): Wie kooperatives Lernen funktioniert. Friedrich Jahreshefte. Seelze

Löhmer, C./Standhardt, R. (1992): Themenzentrierte Interaktion. Mannheim

Molcho, S. (1988): Körpersprache als Dialog. Ganzheitliche Kommunikation in Beruf und Alltag. Zürich

Preiser, S. (2009): Pädagogische Psychologie, Weinheim/München

Riemann, F. (2003): Grundformen der Angst. Eine tiefenpsychologische Studie. 36. Aufl. München u.a.

Roth, G. Warum sind Lehren und Lernen so schwierig? In: Neurodidaktik Grundlagen und Vorschläge für gehirngerechtes Lernen. Weinheim/Basel

Schindler, R. (1957): Grundprinzipien der Psychodynamik in Gruppen. In: Psyche, H. 14, S. 308–314

Schulz von Thun, F. (1989a): Miteinander reden 1 – Störungen und Klärungen. Allgemeine Psychologie der Kommunikation. Reinbek bei Hamburg

Schulz von Thun, F. (1989b): Miteinander reden 2 – Stile, Werte und Persönlichkeitsentwicklung. Differentielle Psychologie der Kommunikation. Reinbek bei Hamburg

Schulz von Thun, F. u.a. (2006): Kommunikationspsychologie für Führungskräfte. 5. Aufl. Reinbek bei Hamburg

Skill Autorenteam, (2001): Kreativ lehren und lernen. 2. Aufl. Offenbach

Spitzer, M. (2007): Lernen, Gehirnforschung und die Schule des Lebens. Heidelberg

Stahl, E. (2002) Dynamik in Gruppen. Handbuch der Gruppenleitung. Weinheim u.a.

Thomann, C. (2004): Klärungshilfe 2: Konflikte im Beruf. Methoden und Modelle klärender Gespräche. Reinbek bei Hamburg

Thomann, C./Schulz von Thun, F. (2005): Klärungshilfe 1: Handbuch für Therapeuten, Gesprächshelfer und Moderatoren in schwierigen Gesprächen. 2. Aufl. Reinbek bei Hamburg

Tuckman, B.W. (1965): Development Sequence in Small Groups. In: Psychological Bulletin, Bd. 63, S. 384–399

Ueberschaer, N. (2000). Mit Teamarbeit zum Erfolg. So gestalten Sie effizient die Zusammenarbeit im Unternehmen. 2. Aufl. München/Wien

Wenzel, B. (2010): Kreative und innovative Methoden, Geschichtsunterricht einmal anders. Schwalbach/Ts.

Autor

Wolf-Peter Szepansky, geb. 1948 in Berlin, Kommunikationstrainer, Supervisor und Coach in Hamburg, Lehrbeauftragter an der Hochschule für Angewandte Wissenschaften Hamburg.
Arbeitsschwerpunkte: Gruppendynamik und Leitungsrolle, Lernmethoden, Motivation.
Zuvor Seemann und Dachdecker, Betriebsratsvorsitzender eines großen Bauunternehmens, Studium in Hamburg an der Hochschule für Wirtschaft und Politik (Dipl.-Sozialökonom), Vorstandsmitglied und Mitinhaber eines Weiterbildungsunternehmens, Erwachsenenbildner (Fernuniversität Hagen), Zusatzausbildung Kommunikationspsychologie (bei Schulz von Thun), Psychodramaleiter (Moreno-Institut), systemischer Supervisor und Organisationsentwickler DGSF (HISW Hamburg).

Website: www.szepansky.de